RANDOS CHIEN SUISSE

35 BALADES À DEUX ET QUATRE PATTES

Le plus beau chemin est celui que l'on parcourt ensemble.

– Anonyme –

Un grand merci à tous mes compagnons de route pour leur contribution à ce livre riche et varié destiné aux amis des chiens.

Livia Waser

RANDOS CHIEN SUISSE

35 BALADES À DEUX ET QUATRE PATTES

Traduit par Ninon Rauh

HELVETIQ

SOMMAIRE

INTRODUCTION

AVANT-PROPOS

L’arrivée de Kaya dans ma vie a bouleversé celle-ci. Kaya est une golden retriever de 6 ans, curieuse, active et toujours partante pour de nouvelles aventures. Grâce à elle, j’ai redécouvert la montagne. Bien résolue à « découvrir le monde et vivre des aventures », je me suis lancée dans cette nouvelle vie avec elle. Ainsi, je cherche sans cesse de nouvelles destinations pour de prochaines excursions, que ce soit une randonnée pleine de charme à travers des bois rafraîchissants l'été ou une ascension suivie d’une belle descente en luge l’hiver. Lors de nos périples, nous avons fait de nombreuses rencontres et noué de merveilleuses amitiés.

Et je suis loin d’être à court d’idées pour de nouveaux parcours !

J’espère que ce livre sera pour vous une véritable source d’inspiration et vous souhaite de belles aventures.

CARTE

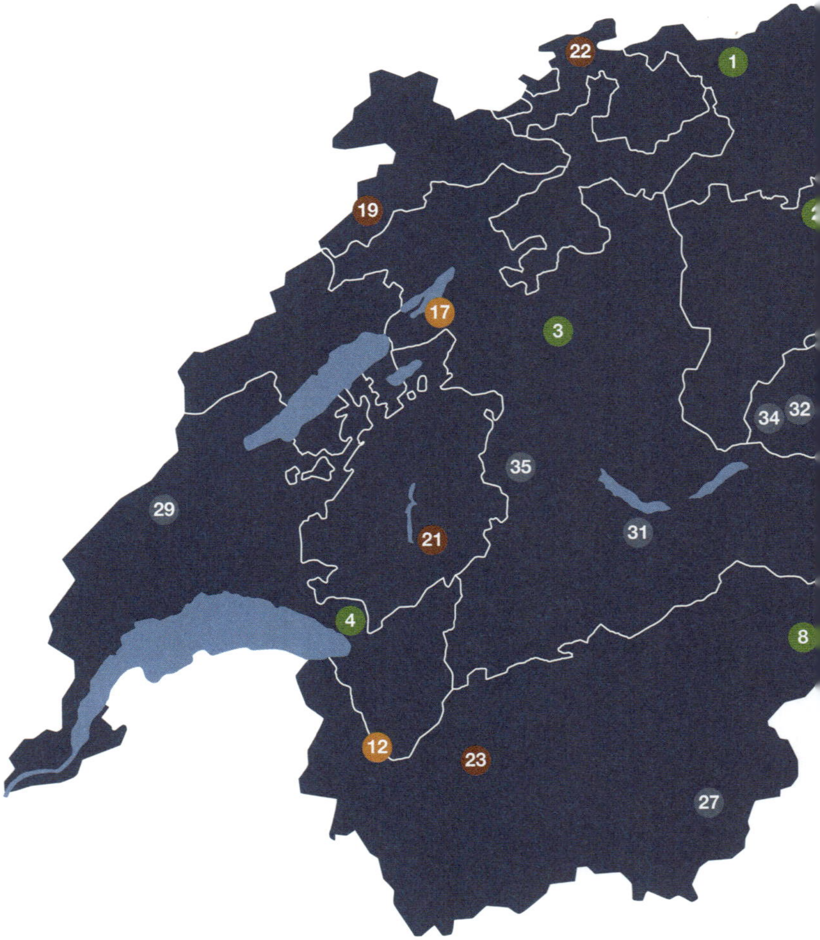

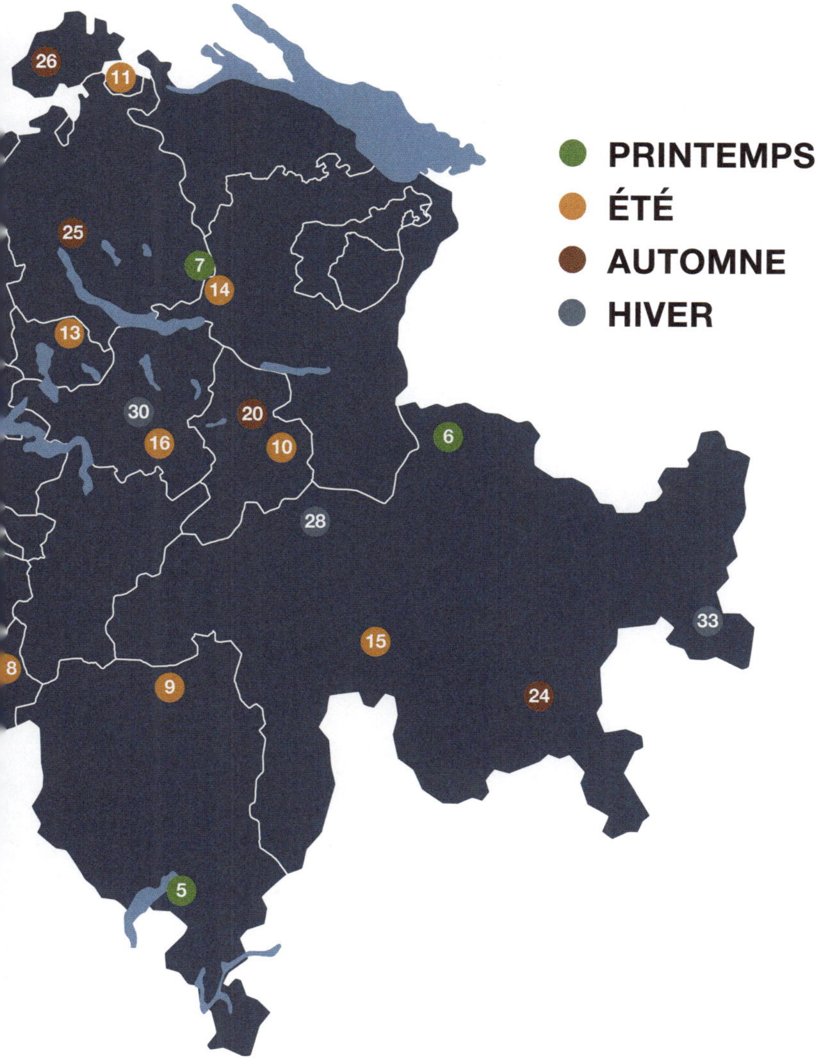
PRINTEMPS
ÉTÉ
AUTOMNE
HIVER
26
11
25
7
14
13
30
20
16
10
6
28
33
15
8
9
24
5

LES RANDONNÉES

1

PRINTEMPS

RÈGLES DE CONDUITE

La saison de la reproduction

Au printemps, non seulement les plantes se remettent à croître mais les animaux aussi se réveillent : c'est la saison de la reproduction. Pour nous, propriétaires de chiens, cela signifie qu'il faut respecter la « nurserie » de Mère Nature. Tenez votre chien en laisse et restez sur les chemins balisés. Parfois, il suffit que votre quadrupède vienne renifler un buisson pour qu'une mère rejette ses petits.

Face à un troupeau de vaches mères

Rencontrer des troupeaux nous expose à des situations périlleuses, voire des accidents, et ce bien souvent à cause d'un comportement inapproprié de la part des humains. Afin d'éviter cela, les éleveurs prennent de plus en plus les devants en signalant la présence de troupeaux de vaches mères à l'aide de panneaux ou en gardant les vaches et leurs veaux dans des pâturages clôturés qui ne sont pas traversés par des chemins.

Principales règles à observer pour traverser un pâturage en toute sécurité :

- **Gardez vos distances**
  Poursuivez sur le sentier de randonnée autant que possible tout en restant à l'écart du troupeau. Si l'une des vaches bloque le chemin, regarde fixement un randonneur ou une randonneuse, ou se montre très agitée, mieux vaut faire un large détour.

- **Restez calme**
  Évitez de faire du bruit ou de vous agiter à proximité des animaux. Les mouvements brusques avec les bras ou les bâtons sont à proscrire. Si l'attention du troupeau s'est déjà focalisée sur vous, faites-lui face en vous montrant sûr de vous – avec un bâton, c'est encore mieux – puis éloignez-vous tranquillement.

- **Tenez votre chien en laisse**
  Les vaches peuvent percevoir votre chien comme une menace. Par conséquent, mieux vaut le tenir en laisse. Libérez-le uniquement dans le cas où une vache serait sur le point d'attaquer.

Chiens de protection des troupeaux

Le Programme national de protection des troupeaux déconseille vivement de prendre son chien de compagnie dans les zones d'emploi de chiens de protection. Ceux-ci étant proches parents du loup, les chiens étrangers provoquent chez eux un comportement de défiance. S'il est impossible de contourner le troupeau et que votre chien est avec vous, tenez-le en laisse. Chaque randonnée doit être minutieusement préparée.

Pour cela, vous pouvez repérer les zones à troupeaux protégés sur la carte interactive de SuisseMobile.

L'absence de panneaux ne signifie pas automatiquement que les chiens peuvent être lâchés. L'association « Naturschutz Schweiz » propose une carte détaillée des zones protégées pour vous aider à préparer vos excursions : naturschutz.ch > Tipps > Erleben > « Karte der Naturschutzgebiete der Schweiz » (en allemand).

« Au printemps souffle le vent,
ce que sait chaque enfant.
Les herbes verdissent, les fleurs se colorent,
et, lorsque vombrit la petite abeille,
les couleurs éclatent partout sans pareil ! »
Monika Minder

P Parking
Gare
Aire de grillade/pique-nique
Point de vue
Montagne

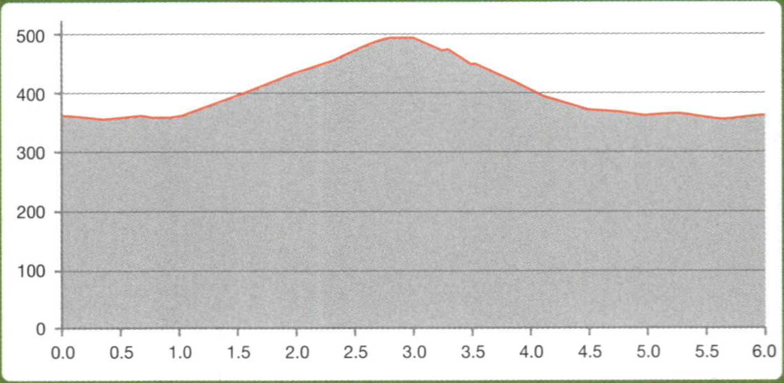

SENTIER DES CERISES DU FRICKTAL

Canton : ARGOVIE

LONGUEUR
6 km

DURÉE
1 h 30

MONTÉE/
DESCENTE
155 m/155 m

ALTITUDE
MIN/MAX
354 m/493 m

TECHNIQUEMENT
Facile

PHYSIQUEMENT
Facile

LE PARFUM DES FLEURS: AU PAYS DES ARBRES FRUITIERS

LIVIA AVEC KAYA ET NATHALIE AVEC INDIRA

Le Sentier des cerises du Fricktal est idéal les jours où le soleil n'est pas trop fort. Il est possible de stationner à la maison communale de Gipf-Oberfrick ou tout près du supermarché Volg. Si vous utilisez les transports publics, vous pouvez descendre soit à l'arrêt de bus « Gipf-Oberfrick, Brücke », soit à la gare de Frick, à partir de laquelle le chemin est balisé.

Mieux vaut s'y rendre en semaine, car cet itinéraire est très fréquenté le week-end. En guise d'alternative, l'office du tourisme d'Argovie recommande le « Flösserweg » entre Mettau et Hottwil (compter 1 h, l'itinéraire entier dure environ 4 h 30) ou le « Eisenweg » entre Wölflinswil et Herznach (compter environ 1 h, l'itinéraire entier dure environ 4 h 30), bordés de cerisiers tout aussi magnifiques.

Le chemin nous mène hors du village, au milieu d'arbres à basse et haute tige. Une petite douzaine de panneaux explicatifs nous dispensent pendant 5 km des informations sur la culture des cerises. Cette balade tranquille le long des panneaux numérotés se poursuit jusqu'à l'aire de pique-nique et de grillade de Winterhalde, parfaite pour profiter d'une pause avec une jolie vue.

Ensuite, le chemin retourne en direction du village jusqu'à notre point de départ. Ceux qui le souhaitent peuvent faire un détour par les ruines du château d'Alt-Tierstein, où se situe une autre aire de pique-nique équipée d'un gril. Depuis cet endroit également, la vue plongeante sur la mer de cerisiers en fleurs est particulièrement belle.

Ce chemin convient aux poussettes (il y a une petite montée), et il est possible de cueillir et déguster des cerises lorsque cela est indiqué.

Astuce : dans le village, une petite épicerie propose des produits faits maison.

BON À SAVOIR

- Le long du chemin se trouvent des pâturages accueillant des moutons et des vaches, qu'il n'est pas nécessaire de traverser.
- Mieux vaut partir tôt le matin, car il n'y a pratiquement aucun endroit ombragé. Ce chemin n'est pas idéal lors des chaudes journées d'été.
- Ce chemin convient aux poussettes tout-terrain.
- Une aire de grillade et de pique-nique équipée de toilettes mobiles est à disposition.
- Pour plus d'informations : Geschäftsstelle Jurapark Aargau, Linn 51, 5225 Bözberg, +41 62 877 15 04, info@jurapark-aargau.ch, http://www.jurapark-aargau.ch

À PRÉVOIR

- De l'eau pour les bipèdes comme pour les quadrupèdes.

LES SAINTS DE GLACE

Des siècles d'expérience agricole et d'observations météorologiques ont établi qu'il y a très souvent trois à cinq jours de gel en mai, les fameux « saints de glace ». Les dates sont toujours les mêmes, mais leurs noms peuvent changer selon les régions. Le premier d'entre eux est soit Mamert (11 mai), soit Pancrace (12 mai), suivi de Servais (13 mai), Boniface de Tarse (14 mai) et enfin Sophie la Froide (15 mai).

Saint Servais

Voici quelques proverbes ruraux les concernant :

Avant saint Servais, point d'été, après saint Servais, plus de gelée.

Saints Pancrace, Servais et Boniface apportent souvent la glace.

Saint Servais, saint Pancrace et saint Mamert font à trois un petit hiver.

Le premier des saints de glace, souvent tu en gardes la trace.

Saint Pancrace

Saint Boniface

Saint Mamert

Gare
Point de vue
Château de Heidegg
Chlotisberg Seminarhaus

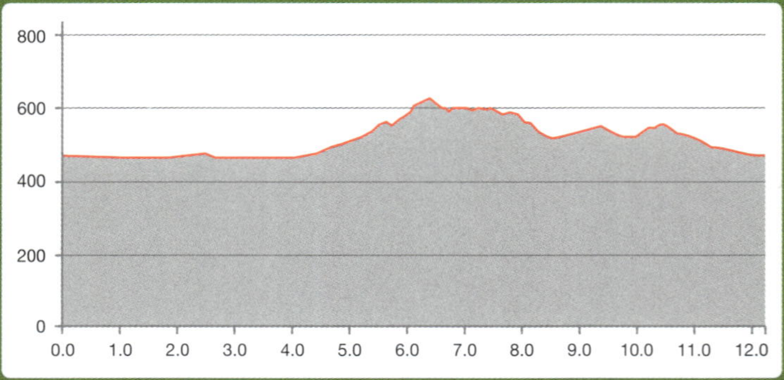

CHÂTEAU DE HEIDEGG

Canton : LUCERNE

LONGUEUR
12 km

DURÉE
3 h 10

MONTÉE/DESCENTE
293 m/292 m

ALTITUDE MIN/MAX
464 m/627 m

TECHNIQUEMENT
Facile

PHYSIQUEMENT
Moyen

AU MILIEU DES POMMIERS ET DES CERISIERS EN FLEURS

LIVIA AVEC KAYA ET NATHALIE AVEC INDIRA

La station balnéaire de Baldegg est le point de départ et d'arrivée de cette randonnée. Comme les chiens sont admis au restaurant, nous décidons d'y manger ce midi en profitant de la vue sur le lac. Nathalie et moi nous donnons donc rendez-vous à 8 h du matin sur le grand parking. Sans voiture, il est facile d'y accéder, puisque la gare est juste à côté.

Le lac de Baldegg faisant partie d'une réserve naturelle, il est interdit de quitter les chemins, les chiens doivent être tenus en laisse, et la baignade leur est, hélas, interdite.

Les amoureux de la nature apprécieront cet endroit reposant, propice à de multiples observations. En effet, des bancs invitent un peu partout à s'attarder.

Nos chiens sont pleins d'enthousiasme et n'ont aucune envie de faire une pause. Nous marchons donc tranquillement jusqu'à Gelfingen (environ 1 h) en longeant la rive du lac.

Le « Sieben-Brüggli-Weg » (avec le sentier Kneipp comprenant un parcours pieds nus) mène au château de Heidegg. Comme le parc du château (où les chiens sont admis) est souvent très fréquenté, nous préférons continuer notre chemin.

Dans la forêt, nous nous retrouvons seules, et les chiens sont heureux de se rafraîchir dans les ruisseaux.

Nous poursuivons en direction du centre de séminaire de Chlotisberg, d'où la vue sur le lac et les environs est splendide. Le chemin nous mène ensuite vers Kleinwangen en passant par le charmant lieu-dit de Weierweid, un lieu magique et puissant.

Nous apprécions la fraîcheur de la forêt d'Aegetewald, car depuis Rohrmatt, le chemin longe des prairies en fleurs et des champs d'arbres fruitiers, et est très peu ombragé. Aux premières heures du matin cependant, ce n'est pas encore un problème.

Bien guidées par les panneaux, nous parcourons les derniers mètres qui nous séparent de Baldegg, où nous profitons d'un repas bien mérité au bord du lac, dans le restaurant *dog-friendly* des bains.

C'est une excursion aux paysages variés et de toute beauté que je recommande vivement de faire au printemps. Plus tard dans l'année, il risque de faire trop chaud, et des troupeaux sont présents dans les champs.

BON À SAVOIR

- Vous pouvez raccourcir cet itinéraire à votre gré.
- Sur la rive entre Baldegg et Gelfingen, il est interdit de circuler autrement qu'à pied (même les vélos sont interdits).
- Ce chemin convient aux poussettes tout-terrain.
- Autres parkings sur le circuit : ceux du château de Heidegg et du Vitaparcours de Gelfingen.
- Pour plus d'informations : Seetal Tourismus, Kronenplatz 24, 5600 Lenzburg, +41 41 920 45 29, seetaltourismus@lenzburg.ch, https://www.seetaltourismus.ch

À PRÉVOIR

- Un en-cas pour les bipèdes comme pour les quadrupèdes.

DEVINETTES

Le grand-père de Heidi possède des poules et des chèvres. Heidi compte un total de 18 têtes et 60 pattes dans la ferme.

Combien de poules et de chèvres se trouvent dans cette ferme ?

Solution : 12 chèvres et 6 poules.

Jasmine, Marguerite et Lys ont cueilli des fleurs pour leurs mères : du jasmin, des marguerites et des lys.

« Fantastique ! dit la fille tenant les fleurs de jasmin. Nous avons cueilli du jasmin, des marguerites et des lys, mais aucune d'entre nous n'a cueilli la fleur dont elle porte le nom.
- Tu as raison ! répond Lys. »

Quelles fleurs a cueillies chacune des filles ?

Solution : Jasmine a ramassé les lys, Lys les marguerites, et Marguerite les fleurs de jasmin.

En effet, Lys, n'ayant pas cueilli du lys et répondant à la fille qui a cueilli du jasmin ne peut avoir cueilli que des marguerites. Jasmine n'ayant cueilli ni du jasmin ni des marguerites ne peut avoir cueilli que des lys.

Gare   Église   Aire de grillade

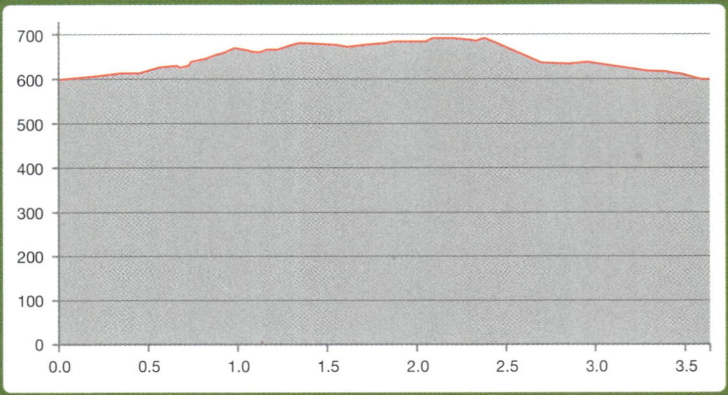

CUEILLETTE DANS L'EMMENTAL

Canton : BERNE

LONGUEUR
3,5 km

DURÉE
1 h

MONTÉE/DESCENTE
124 m/124 m

ALTITUDE MIN/MAX
595 m/688 m

TECHNIQUEMENT
Facile

PHYSIQUEMENT
Facile

UNE RANDO CUEILLETTE DANS L'EMMENTAL SAUVAGE

LIVIA AVEC KAYA ET RUTH AVEC FLORA

Après avoir garé la voiture sur le parking gratuit juste à côté de l'église de Rüegsau, nous commençons notre rando cueillette sauvage avec Daniel, guide de randonnée et expert en botanique. Ce qui ressemble à première vue à un terrain à l'abandon et envahi par la végétation est en réalité un endroit idéal pour récolter les meilleures herbes bio pour notre consommation quotidienne.

Le départ se situe juste au-dessus de l'église, là où se trouvent un Robidog et un chemin qui part à gauche. Après avoir longé le ruisseau sur environ 50 m, parmi les ronces qui poussent à foison, nous trouvons de l'herbe aux goutteux. Sa saveur de carotte persillée en fait une crudité délicieuse à cette saison. Riche en minéraux et en vitamines, cette plante diurétique et antispasmodique agit aussi sur les rhumatismes. Ses propriétés désacidifiantes en font un remède contre la goutte. L'herbe aux goutteux peut être employée dans des lasagnes aux légumes, par exemple, et elle est également délicieuse avec du fromage blanc ou en pesto.

Au milieu des pissenlits et des marguerites, qui sont également d'excellents ingrédients pour la cuisine, nous continuons en direction de Flüematt. Ici, ouvrez grands les yeux, car sur le talus au-dessus de la route pousse de l'origan sauvage, dont la saveur est un mélange entre la marjolaine et la menthe douce. Consommé en tant qu'herbe aromatique (pour agrémenter vos salades, pizzas et pâtes) ou sous forme de tisane, l'origan sauvage, comme la marjolaine, a des propriétés médicinales (également valables pour les chiens). Cette herbe aide à lutter contre la toux et les irritations respiratoires et peut être utilisée en cas de flatulences ou d'autres troubles gastro-intestinaux.

Nous quittons le chemin principal en bifurquant à droite en direction de Flüematt. À gauche, le chemin est bordé par un pré richement fleuri au milieu duquel nous reconnaissons de la limnanthe, ou écume des prés. En avez-vous déjà mangé ? Avec son goût de cresson piquant et sa légère amertume, c'est l'une de mes herbes préférées. Non seulement riche en vitamine C, elle est aussi dépurative, facilite la digestion et est employée pour soulager les rhumatismes. En cuisine, les jeunes pousses de limnanthe agrémentent les salades ou les soupes aux herbes, et ses boutons de fleurs peuvent être utilisés dans l'élaboration d'un fromage ou d'un beurre aux herbes ou encore d'un pesto. Ses graines séchées peuvent même remplacer le poivre.

Nous poursuivons sur le chemin qui monte légèrement en direction d'Unter-Brandishub. Après avoir goûté à toutes ces fines herbes, nous profitons maintenant de la descente à travers les bois de Zantihanser. Finalement, à la sortie de la forêt se trouve une vaste aire de grillade, idéale pour conclure cette cueillette sauvage.

Daniel Zenger est guide de randonnée, titulaire d'un brevet fédéral, et botaniste. Il propose, entre autres excursions, cette rando cueillette idéale pour les marcheurs passionnés de fleurs, de feuilles, qui veulent en savoir plus sur leurs propriétés et leurs domaines d'application. À l'issue de la balade, il livre en outre une petite documentation à propos de chaque plante abordée. Daniel nous a donné son autorisation pour publier ce compte rendu de randonnée, et nous l'en remercions vivement !

BON À SAVOIR

- Il existe également des itinéraires accessibles à tous (Extratour).
- Pour plus d'informations : Daniel Zenger, Kirchweg 15, 3323 Bäriswil, +41 76 412 45 41, wandern@go-trekking.ch, https://www.go-trekking.ch

À PRÉVOIR

- Une protection contre les tiques pour les chiens comme pour les humains.
- Un sac de cueillette pour récolter vos herbes.

LES «CÂPRES D'EMMENTAL» (BOUTONS DE PISSENLIT) DE DANIEL

INGRÉDIENTS POUR LA DÉCOCTION

Pour 1 kg de boutons de pissenlit :

- 900 ml d'eau
- 900 ml de vinaigre
- 500 g de sucre
- 120 g de sel
- 10 cs de curry
- 5 cs de poivre noir

PRÉPARATION

1. Ne récoltez que des petits bourgeons croquants pour cette recette. Lavez les bourgeons de pissenlit et pesez leur poids total.

2. Préparez la décoction proportionnellement à la quantité de bourgeons cueillis. Mettez l'eau, le vinaigre et le sucre dans une casserole et faites chauffer jusqu'à ce que le sucre soit complètement dissous. Ajoutez le sel et remuez jusqu'à sa parfaite dissolution.

3. Ajoutez maintenant le curry et le poivre et continuez à remuer jusqu'à ébullition. Laissez mijoter pendant 1 min environ.

4. Transvasez les bourgeons de pissenlit dans des bocaux et recouvrez-les complètement de décoction. Nettoyez le bord des bocaux et fermez-les immédiatement.

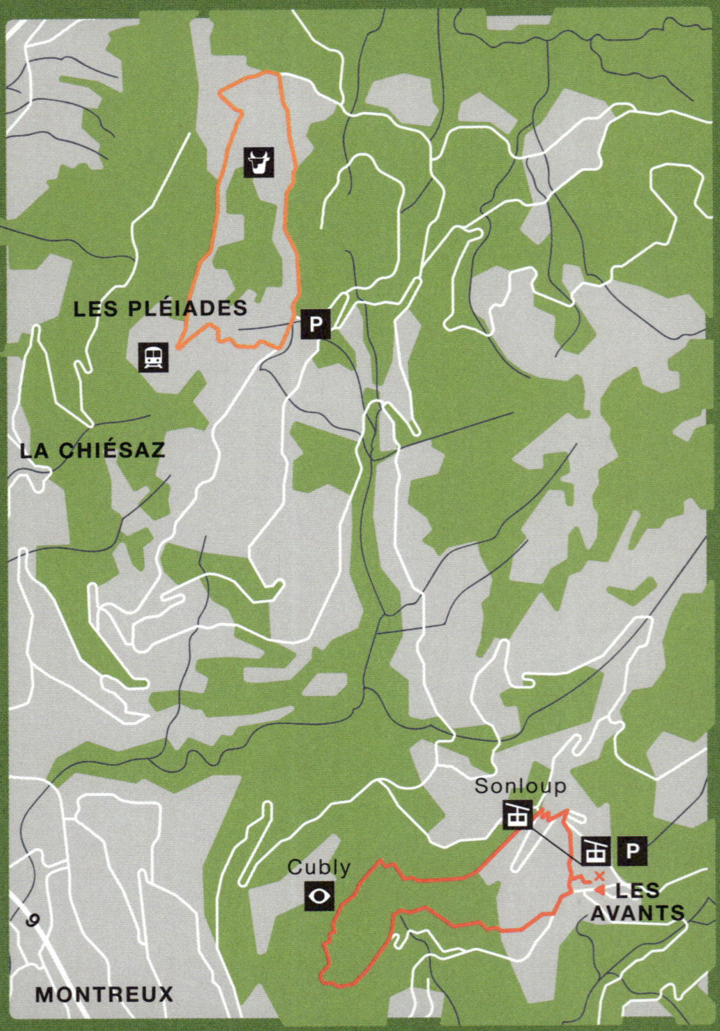

P Parking
Remontée mécanique
Pâturage
Gare
Point de vue

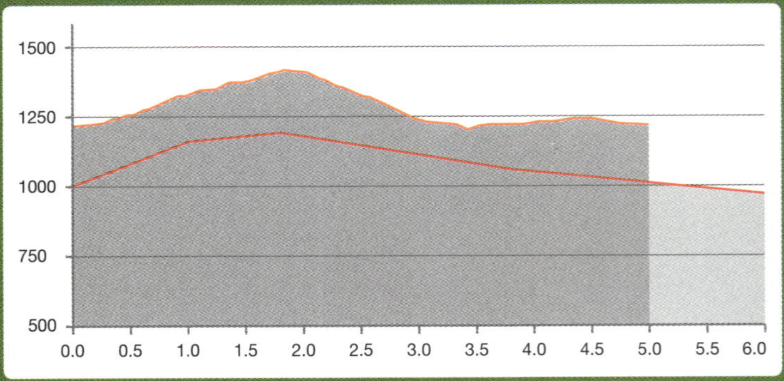

SENTIER DES NARCISSES

Canton : VAUD

LES AVANTS

LONGUEUR
6 km

DURÉE
2 h 30

MONTÉE/DESCENTE
380 m/380 m

ALTITUDE MIN/MAX
968 m/1155 m

TECHNIQUEMENT
Facile

PHYSIQUEMENT
Facile

LES PLÉIADES

LONGUEUR
5 km

DURÉE
1 h 30-2 h

MONTÉE/DESCENTE
219 m/219 m

ALTITUDE MIN/MAX
1206 m/1397 m

TECHNIQUEMENT
Facile

PHYSIQUEMENT
Facile

PARCOURS VARIÉS

LIVIA AVEC KAYA

Surnommé « neige de mai » par les Suisses romands, ce spectacle naturel prend place au-dessus du lac Léman entre les mois de mai et juin. Il y a plusieurs circuits qui permettent d'admirer les narcisses délicieusement parfumés qui fleurissent à l'état sauvage dans la région. Pour être sûr de ne pas manquer cette splendeur immaculée, vous pouvez vous renseigner auprès de l'office du tourisme ou jeter un coup d'œil aux webcams correspondantes.

Chacun de ces deux circuits a ses atouts : celui des Avants avec ses paysages variés (forêts ombragées, clairières parsemées de narcisses et somptueux points de vue sur le lac Léman), ou bien celui des Pléiades avec ses grandes prairies et l'extraordinaire vue panoramique sur les Préalpes et le lac Léman par beau temps qui mérite à elle seule la randonnée. Ce deuxième parcours fait partie de mes balades préférées.

LES AVANTS

Remarque : si votre chien a tendance à tirer fortement sur la laisse, il est recommandé d'effectuer le parcours en sens inverse (descente d'escaliers assez raide).

Un parking payant se trouve à la station inférieure du funiculaire des Avants, qui est également desservie par les transports publics. Selon l'effort que vous envisagez, vous pouvez soit prendre le funiculaire, soit effectuer l'ascension de 30 min environ vers Sonloup à pied.

Depuis Sonloup, le chemin est également bien balisé. Même si ce parcours est considéré comme plutôt facile, il est tout de même indispensable de porter de bonnes chaussures de marche. Après avoir traversé des bois ombragés, nous arrivons au point de vue du Cubly, où une aire de pique-nique spacieuse, équipée d'une place de feu aménagée et d'endroits pour s'asseoir, offre une vue magnifique sur le lac Léman et invite à se reposer.

La descente escarpée vers le Chablais par des escaliers n'est pas des plus aisées. Le chemin sort de la forêt. Suivant les panneaux représentant un narcisse, nous passons devant des prés couverts de fleurs parfumées. Ces prés sont protégés par des clôtures. Il est interdit d'y pénétrer, et la cueillette des fleurs y est interdite. Tant mieux ! Ce spectacle de la nature mérite bien une telle protection.

Enfin, nous retournons tranquillement jusqu'au parking du départ, où je peux retirer mes chaussures de marche couvertes de boue et arborer des pieds propres, contrairement à Kaya.

BON À SAVOIR

- Les chiens doivent obligatoirement être tenus en laisse.

À PRÉVOIR

- De bonnes chaussures de marche.
- Des bâtons de randonnée si nécessaire.
- De l'eau pour les bipèdes comme pour les quadrupèdes.

LES PLÉIADES

Cet endroit est connu en hiver pour son petit domaine skiable de qualité (15 km de pistes). On peut y faire des randonnées en raquettes, des promenades à pied sur le chemin des Lanternes ainsi que du ski de fond, grâce à un réseau d'environ 20 km.

Nous stationnons notre véhicule sur le grand parking des Tenasses, où se trouvent des places à feu bien aménagées, des tables de pique-nique et des sanitaires. Il est possible d'y venir en transports publics, en prenant un train direct depuis Blonay ou Vevey.

Le chemin longe brièvement la route avant de tourner à droite pour traverser un pâturage, désert le jour de notre randonnée (un panneau y signale néanmoins des vaches mères).

Arrivées au restaurant des Pléiades, nous admirons l'incroyable vue sur les montagnes environnantes et le lac. Juste au-dessus du restaurant se trouve l'« AstroPléiades », un sentier d'un genre particulier, puisqu'il est jalonné de planètes. Cette maquette de l'univers explique, par exemple, ce qu'est le solstice d'été ou pourquoi, lorsque nous sommes en été, c'est l'hiver dans l'autre hémisphère. Le Chemin des narcisses passe juste devant l'Astropléiades. Nous traversons de grandes prairies (des pâturages pour vaches mères qui ne sont pas toujours exploités) où les narcisses sont déjà présents en grand nombre. La vue est exceptionnelle avec les montagnes en fond et la « neige de mai » au premier plan. C'est un décor de rêve ! Ici, la même règle s'applique : ne piétinez pas les champs de narcisses, restez sur le chemin et renoncez à l'idée de cueillir des fleurs.

Pour finir, nous rejoignons notre point de départ en empruntant des chemins de gravier et des sentiers en planches de bois.

Ai-je déjà mentionné que cette balade est l'une de mes préférées ? Cet endroit est tout bonnement fantastique !

BON À SAVOIR

- Tenue en laisse obligatoire dans la réserve naturelle.
- Pour plus d'informations : Vaud Promotion, avenue d'Ouchy 60, Case Postale 1125, 1001 Lausanne, +41 21 613 26 26, info@vaud-promotion.ch, https://www.region-du-leman.ch/de/V176/narzissenweg-les-pleiades

À PRÉVOIR

- Des bâtons de randonnée si nécessaire.
- De bonnes chaussures de marche.
- De l'eau pour les bipèdes comme pour les quadrupèdes.

À QUELLE DATE DÉBUTE LE PRINTEMPS?

Le début du printemps peut être établi de plusieurs manières :

- **Selon l'astronomie**
  En fonction de la dernière année bissextile et du dernier fuseau horaire, le printemps débute le 19, le 20 ou le 21 mars.

- **Selon la météorologie**
  L'Organisation météorologique mondiale fixe le début du printemps au 1er mars. Chaque saison comportant trois mois, les mois de printemps sont donc mars, avril et mai.

- **Selon la phénologie**
  Le printemps est divisé en trois périodes :
  - le début du printemps : du début de la floraison des perce-neige et des noisetiers jusqu'à l'éclosion des chatons jaunes de saules gorgés de pollen.
  - le milieu du printemps : de la floraison des forsythias et du bourgeonnement des groseilliers à maquereau jusqu'à la floraison des poiriers.
  - la fin du printemps : de la floraison des pommiers et des lilas jusqu'au début de la floraison des sorbiers et des vulpins des prés.

- **Selon la religion**
  Les religions marquent le début du printemps par des fêtes se déroulant autour de l'équinoxe de printemps.

P Parking
Gare
Parco botanico

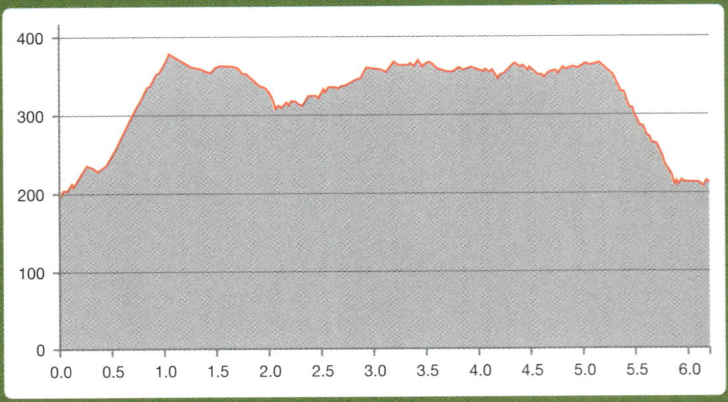

PARC BOTANIQUE DU GAMBAROGNO

Canton : TESSIN

LONGUEUR
6 km

DURÉE
2 h 30

MONTÉE/DESCENTE
507 m/495 m

ALTITUDE MIN/MAX
196 m/377 m

TECHNIQUEMENT
Facile

PHYSIQUEMENT
Facile

SENTEURS EXOTIQUES

LIVIA AVEC KAYA

Notre destination du jour est une des régions les plus ensoleillées de Suisse : le Tessin.

Les parkings sont bien remplis, mais nous trouvons de justesse une place de stationnement juste à côté du lac, près de l'arrêt de bus « Paese-S. Nazzaro ». Nous commençons notre balade en suivant les nombreuses indications menant au « parco botanico ». Après avoir brièvement longé la route jusqu'à une bifurcation, nous empruntons un agréable chemin qui monte en pente douce et serpente entre les ruelles où, lorsque c'est la saison, fleurissent de magnifiques camélias. Nous profitons d'une vue incroyable sur le lac Majeur en marchant jusqu'à Vairano (environ 35 min), puis nous continuons en direction du parc botanique. Avant de passer l'entrée, Kaya profite de se rafraîchir dans le ruisseau. En effet, même au printemps, le soleil tessinois peut déjà taper fort.

Nous voici à l'entrée du parc. La splendeur des couleurs et le parfum des fleurs sont époustouflants. On peut admirer ici, sur plus de 20 000 m^2, une incroyable variété de fleurs disposées en terrasses reliées par des chemins. Ce sont surtout les camélias et les magnolias qui sont en fleurs au mois de mars. Les rhododendrons et les glycines fleurissent plus tard. Prévoyez du temps pour la visite, elle en vaut la peine ! Sans pause, il faut compter 1 h rien que pour faire le tour du parc. Or, de nombreux endroits invitent à s'attarder. Le parc est même traversé par un petit ruisseau, dans lequel les chiens sont autorisés à se rafraîchir.

À la fin du parcours, il est possible d'acheter sa fleur préférée en guise de souvenir à la pépinière locale – et je n'ai pas pu résister.

Si vous en avez encore le temps, vous pouvez continuer jusqu'à Vira (environ 45 min) et rentrer en transports publics. Sinon, reprenez le même chemin en sens inverse pour revenir au point de départ (également 45 min environ).

C'est le cœur heureux et ensoleillé que nous prenons la route du retour après cette visite sensationnelle où les chiens bien élevés sont les bienvenus s'ils sont tenus en laisse !

BON À SAVOIR

- L'entrée est gratuite pour les chiens.
- Mieux vaut partir tôt le matin, car il n'y a pratiquement aucun endroit ombragé.
- Les chiens doivent être obligatoirement tenus en laisse.
- Pour plus d'informations : Parco Botanico Gambarogno, Via Parco Botanico 21, 6575 San Nazzaro, +41 91 759 77 04, gambarogno@ascona-locarno.com, https://www.parcobotanicogambarogno.ch

À PRÉVOIR

- De l'eau pour les bipèdes comme pour les quadrupèdes.

CONSTRUISEZ VOTRE PROPRE HÔTEL À INSECTES

Le réchauffement climatique, les pesticides, les jardins bien entretenus, le manque de débris et de feuilles mortes privent de nombreux insectes, notamment les abeilles et les bourdons, d'endroits propices à la nidification. Les coléoptères, les vers et les mouches ne sont pas mieux lotis. Souvent perçus comme nuisibles, ces insectes jouent pourtant un rôle essentiel dans la pollinisation. Nous le savons tous : sans insectes, rien ne fonctionne. Avec des moyens simples et sans trop d'effort, faites du bien à la nature !

Attention : utilisez du bois dépourvu de substances toxiques qui a été entreposé au sec.

Matériel nécessaire :

- Tronçons de bambou
- Brindilles, branches
- Pommes de pin
- Planches de bois
- Lichen
- Bois imputrescible (pour la structure)
- Vis inoxydables
- Têtes de graines (d'un tournesol, par exemple)

1. Découpez les planches à la taille souhaitée à l'aide d'une scie circulaire ou faites-le faire dans votre magasin de bricolage.

2. Montez le cadre à l'aide des vis (pensez bien à percer des trous pilotes auparavant).

3. Disposez la matière végétale dans le cadre. Votre hôtel doit être à la fois suffisamment dense pour tenir en place mais comporter également des espaces libres pour les coléoptères.

4. Fixez-le à un crochet et suspendez-le dans une zone du jardin proche de l'endroit où vous voulez que les insectes se trouvent la saison prochaine. L'emplacement idéal est un endroit tranquille (il ne doit pas bouger), ensoleillé et protégé de la pluie et du vent.

5. Votre hôtel à insectes est prêt. Les abeilles, les coccinelles et tous ses autres hôtes vous remercient !

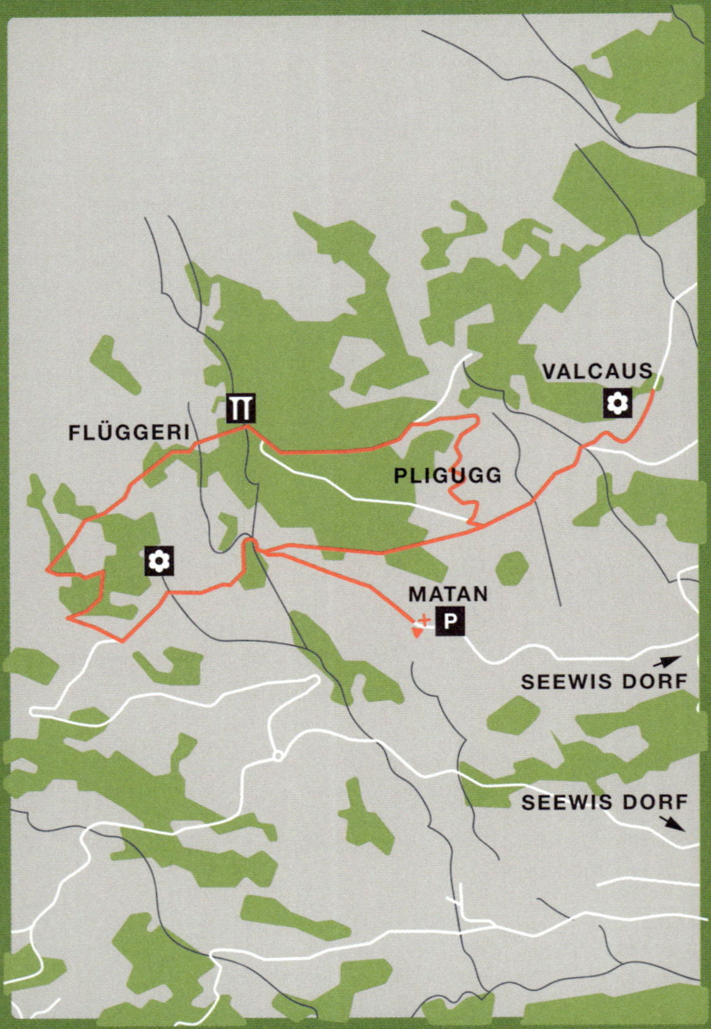

P Parking
Pont
Prés fleuris

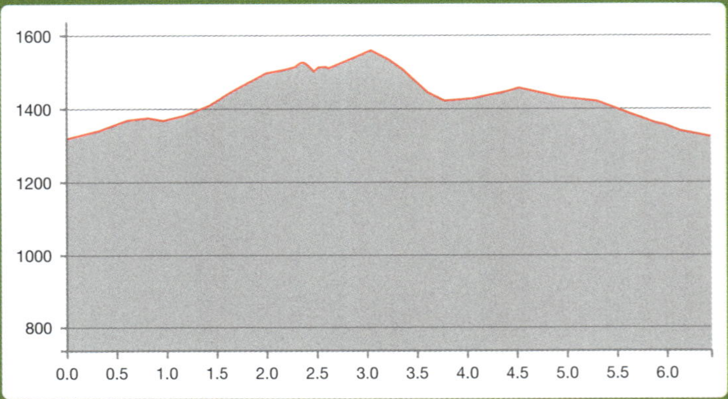

SEEWIS IM PRÄTTIGAU

Canton : GRISONS

LONGUEUR
6,5 km

DURÉE
2 h

MONTÉE/DESCENTE
320 m/316 m

ALTITUDE MIN/MAX
1314 m/1557 m

TECHNIQUEMENT
Facile/Moyen

PHYSIQUEMENT
Facile/Moyen

SPLENDIDE FLORAISON

NATHALIE AVEC INDIRA
ET LIVIA AVEC KAYA

Cette randonnée s'apprécie particulièrement au printemps, lorsqu'il y a encore un peu de neige sur les montagnes, mais peut également se faire au tout début de l'été. Seewis est alors un véritable feu d'artifice floral haut en couleur.

Si vous utilisez les transports publics, prenez le train jusqu'à « Seewis-Pardisla » puis le bus jusqu'à « Seewis-Dorf ». Si vous arrivez en voiture, vous pouvez stationner au centre du village (places payantes) ou vous procurer une carte à 10 francs au « Bazar » (qui est également l'office du tourisme) pour pouvoir laisser votre véhicule au-dessus de Matan (comptez environ 1 h de marche sur la route goudronnée jusqu'à Matan).

Afin de ne pas manquer les prairies de narcisses et les plus beaux prés fleuris et savoir quels champs ont été fauchés ou non, vous pouvez vous renseigner auprès de l'office du tourisme.

Notre aventure commence, avec l'aide d'une carte signalant les points d'intérêt.

L'itinéraire emprunte souvent une route goudronnée, qui est donc partiellement praticable avec des poussettes. Nous marchons en sens inverse des aiguilles d'une montre en direction de Valcaus et nous émerveillons déjà devant un superbe champ de narcisses parsemé des premières gentianes.

Nous retournons sur nos pas pour emprunter le chemin de randonnée en direction de Pligugg. Nous montons une belle côte d'une centaine de mètres de dénivelé avant de pénétrer dans la forêt ombragée de Bawald. Pour cette randonnée, nous vous recommandons vivement de porter de bonnes chaussures de marche. En effet, à partir de cet endroit, à 1501 m d'altitude, la descente courte mais escarpée vers le pont qui enjambe la rivière puis la remontée vers Flüggeri sont ardues.

Une fois parvenues dans les hauteurs, nous sommes à nouveau éblouies par les nombreux prés de narcisses.

Puis nous revenons à notre point de départ sur un chemin de randonnée de nouveau plus large, puis goudronné, en passant devant de nombreuses clairières abondamment fleuries. Boutons d'or, marguerites, gentianes et narcisses ne sont que quelques exemples de la flore extrêmement variée qui égaye cette fantastique randonnée.

BON À SAVOIR

- Mieux vaut partir tôt le matin, car il n'y a pratiquement aucun endroit ombragé.
- Les chiens doivent obligatoirement être tenus en laisse pendant la saison de la reproduction.
- Pour plus d'informations : Infostelle Bazar Seewis, Schlossstrasse 2, 7212 Seewis im Prättigau, +41 79 195 07 23 / +41 81 325 11 95, kurverein@seewis.ch, http://seewistourismus.ch/narzissen-bluetenstand

À PRÉVOIR

- De bonnes chaussures de marche.
- De l'eau pour les bipèdes comme pour les quadrupèdes.

LES PREMIÈRES FLEURS À LA FONTE DES NEIGES

Tandis que les premiers pissenlits fleurissent dans la vallée, la neige peut être encore abondante en montagne. Quelles sont donc les premières fleurs qui apparaissent à la fonte des neiges ?

Crocus

Soldanelle des Alpes

Auricule

Différentes variétés de primevères roses

Dryade blanche à huit pétales

Renoncule des Alpes

Gentiane de printemps

Perce-neige

Toutes ces fleurs sont toxiques pour les êtres humains comme pour les chiens !

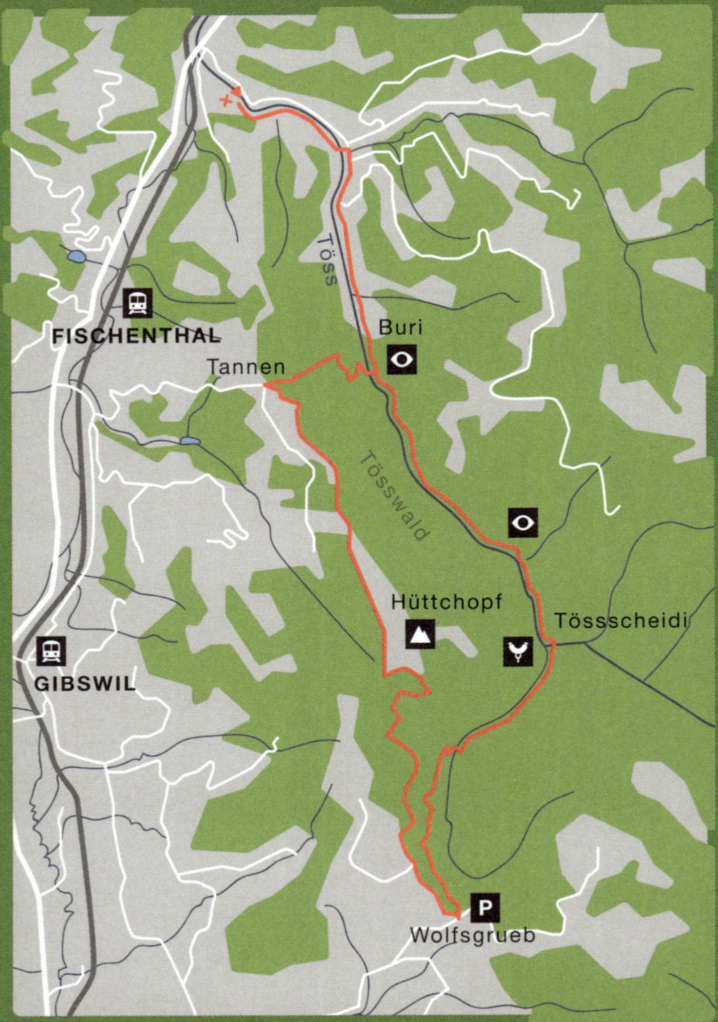

P Parking
Point de vue
Aire de grillade
Gare
Montagne

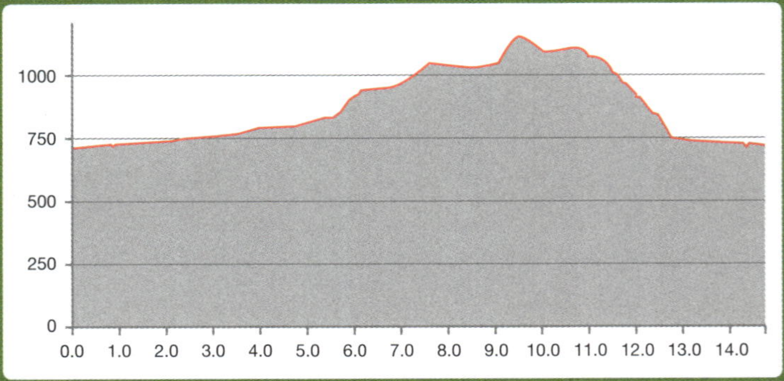

TÖSSWALD

Canton : ZURICH

LONGUEUR
15 km

DURÉE
4 h 15

MONTÉE/DESCENTE
505 m/497 m

ALTITUDE MIN/MAX
711 m/1147 m

TECHNIQUEMENT
Moyen

PHYSIQUEMENT
Moyen

RANDONNÉE RAFRAÎCHISSANTE DANS LA VALLÉE

LIVIA ET THOMAS AVEC KAYA

Cette randonnée est idéale pour dénicher de nouveaux coins ombragés, et c'est dans la magnifique forêt de Tösswald, sur la commune de Fischenthal, que nous les avons trouvés.

Une fois notre voiture stationnée sur la grande place de Breitenmatt, nous empruntons un chemin de gravier, puis une large route jusqu'à Buri.

Au réservoir d'eau de Buri, juste avant le pré de Stierweid (comptez environ 30 min de marche), la descente de l'escalier de la Töss vaut le détour. Les courageux peuvent même s'y baigner.

Nous passons devant d'autres belles cascades et les falaises de Nagelfluh avant d'atteindre Tössscheidi, où se trouvent de superbes places de grillade. Tout en poursuivant le long de la Töss, nous nous félicitons du choix de cet itinéraire, qui en vaut décidément la peine. Jusque-là, c'est une magnifique excursion, qui peut se faire également avec une poussette.

Environ 20 min après le Tössscheidi, le chemin grimpe sur la droite. De bonnes chaussures de marche sont vivement conseillées ! Par temps sec, nous recommandons aux marcheurs au pied sûr ce chemin qui mène aux grottes de Brandhöhle. Là, sous les falaises de Nagelfluh, se trouve une agréable place de grillade à côté d'une fontaine !

Nous retournons sur nos pas jusqu'à la bifurcation qui nous permet de nous diriger vers Wolfsgrueb. Il est également possible d'y stationner. Puis nous marchons le long de la route en direction du restaurant Scheidegg afin d'y admirer la magnifique vue panoramique. Environ 20 min plus tard, en quittant la route à droite, nous entrons de nouveau dans la forêt. Un large chemin nous mène vers Hüttchopf, puis vers Tannen, avant de descendre en pente raide jusqu'à notre point de départ.

Il y a tellement de beaux chemins ici que, même les jours de grande affluence, chacun y trouvera son compte. Cette superbe excursion est particulièrement adaptée aux journées chaudes. Vous pouvez raccourcir cette randonnée à votre gré.

BON À SAVOIR

- Il faut franchir un pont suspendu en chemin.
- Il s'agit d'un chemin de montagne.
- Les chiens ont de nombreuses occasions de se rafraîchir.
- Les parkings publics sont gratuits.
- Ce circuit est partiellement accessible à tous.
- Pour plus d'informations : Züriоberland Tourismus, Bahnhofstrasse 13, 8494 Bauma, +41 52 396 50 99, tourismus@zuerioberland.ch, https://www.zuerioberland-tourismus.ch/de

À PRÉVOIR

- Un pique-nique pour les bipèdes comme pour les quadrupèdes.
- Un sac de cueillette pour récolter l'ail des ours.

CUEILLETTE D’AIL DES OURS

L’ail sauvage (ou ail des ours) frais est délicieux. Vous pouvez le récolter jusqu’à la fin du mois de mai. Après, sa feuille perd peu à peu son intense saveur d’ail. L’ail des ours frais peut être conservé pendant quelques jours au réfrigérateur, mais il vaut mieux préparer ce légume sauvage le plus tôt possible.

Avant de les cuisiner, les feuilles doivent être soigneusement nettoyées une par une, afin d’être débarrassées d’éventuels œufs de ténia du renard. Pour ce faire, vous pouvez les rincer abondamment à l’eau chaude ou les faire séjourner quelques minutes dans le congélateur à -18 °C. Une autre astuce : vous pouvez ajouter du bicarbonate de soude dans l’eau de lavage. Séchez ensuite les feuilles dans une essoreuse à salade ou tamponnez-les avec un chiffon en coton.

Hachez finement les feuilles, mettez-les dans un bocal à conserve, recouvrez-les de vinaigre et d’huile et assaisonnez avec du sel, du poivre ou des graines de moutarde. Ce pesto se conserve pendant plusieurs mois. Les bourgeons d’ail des ours sont également délicieux marinés ! Il vous suffit de suivre la recette de Daniel (page 35), en supprimant le curry si vous le souhaitez.

On confond souvent l’ail des ours avec deux plantes toxiques : le colchique et le muguet. Ci-dessous, voici résumées les principales caractéristiques de ces trois plantes :

Ail des ours (comestible pour les humains mais pas pour les chiens)	**Colchique** (toxique)	**Muguet** (toxique)
Goût d’ail	Fleur rose pâle à violacé	Fleur blanche
Fleur blanche en forme d’étoile	Pas de pétiole net	Dessous de la feuille vert clair et brillant

Une feuille par tige, la tige sort directement du sol	Le plus souvent, trois tiges attachées	Le plus souvent, deux grandes feuilles attachées à une tige

P Parking
Gare
Bus
Remontée mécanique
Montagne
Tulipes sauvages

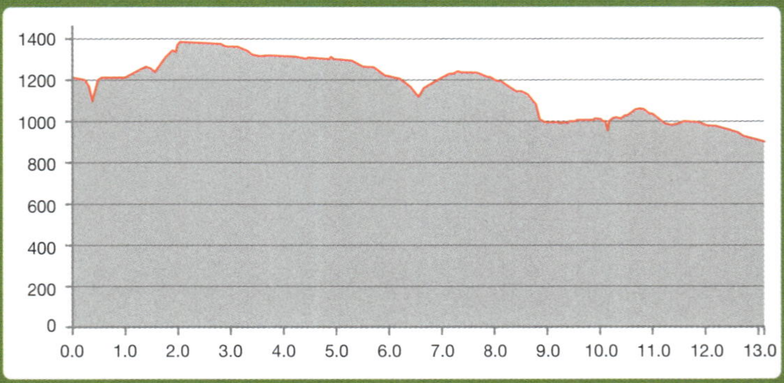

CIRCUIT DES TULIPES DE GRENGIOLS

Canton : VALAIS

LONGUEUR
13 km

DURÉE
4 h 30

MONTÉE/DESCENTE
798 m/1109 m

ALTITUDE MIN/MAX
891 m/1372 m

TECHNIQUEMENT
Moyen

PHYSIQUEMENT
Moyen

AVENTURE, ENCHANTEMENT ET FABULEUX CHAMPS DE TULIPES

LIVIA AVEC KAYA ET NATHALIE AVEC INDIRA

Avant de partir, il vous faudra déterminer si vous pouvez traverser le « Goms Bridge », pont suspendu reliant les villages de Fürgangen et Mühlebach, avec vos chiens. Cette passerelle d'une longueur de 280 m enjambe les gorges de la Lama. Les courageux peuvent laisser leur voiture et démarrer la randonnée dès Fürgangen, près de la station inférieure de Bellwald.

Ceux qui ne préfèrent pas se lancer dans cette aventure peuvent démarrer à Mühlebach.

Nous empruntons le chemin de randonnée en direction du village de Mühlebach. Prévoyez un peu de temps supplémentaire pour la visite de ce petit bijou : c'est le plus vieux village de Suisse ! Et encore plus quand la météo est propice à la photo et que le paysage est digne d'un livre d'images ou d'une carte postale.

À présent, ça grimpe. Environ 30 min plus tard, nous atteignons les hauteurs, où nous marchons tranquillement le long du bisse de Trusera (un bisse est un ancien canal d'irrigation en Valais). Le chemin traverse une belle forêt d'aulnes, où l'on peut profiter de plein de recoins charmants pour se reposer, jusqu'à Wasen, où se trouvent un arrêt de bus ainsi que des places de stationnement. C'est à Wasen que se situe l'entrée de la Forêt enchantée. Ce terrain d'aventure est une attraction exceptionnelle pour les enfants âgés de 3 à 10 ans, idéal pour une excursion en famille d'une demi-journée voire d'une journée entière. Des jeux intégrés de manière permanente à la nature invitent à jouer avec des pommes de pin, des branches, des pierres et de l'eau.

En passant par Hockmatta, nous arrivons au circuit des Tulipes de Grengiols. Cette espèce endémique de tulipes sauvages, nommée « tulipe romaine », ne fleurit en effet que dans ce village. Avec un peu de chance, vous verrez les fleurs en trois coloris différents : jaunes, rouges et rayées. C'est la culture traditionnelle du seigle d'hiver qui favorise ici la survie de ces tulipes ainsi que d'autres herbes des champs comme les coquelicots et les bleuets, qui fleurissent après les tulipes.

Ce circuit dure environ 1 h et peut aussi être réalisé depuis Grengiols (comme il y a peu de places de stationnement, nous vous recommandons d'y accéder en transports publics). De luxuriantes prairies fleuries nous accompagnent à la fin de ce parcours jusqu'au village de Grengiols puis jusqu'à Betten (station inférieure), où nous prenons le train pour retourner à notre point de départ (environ 25 min).

BON À SAVOIR

- Parc naturel régional : les chiens doivent obligatoirement être tenus en laisse.
- Pour plus d'informations : Landschaftspark Binntal, Postfach 20, 3996 Binn, +41 27 971 50 50, grengiols@landschaftspark-binntal.ch, https://www.landschaftspark-binntal.ch
- Ceux qui le souhaitent peuvent même partir d'Ernen. Dans ce cas, l'itinéraire fait 9,5 km, et il faut compter 2 h 30 pour le parcourir.

À PRÉVOIR

- Protection contre les tiques pour les chiens et les humains.
- Un en-cas pour les bipèdes comme pour les quadrupèdes.
- De l'eau pour les bipèdes comme pour les quadrupèdes, car le bisse peut être asséché.

DANGERS POUR LES CHIENS AU PRINTEMPS

1. La chenille processionnaire du chêne

La chenille processionnaire du chêne, qui se répand de plus en plus, est très dangereuse. La période de mai à juin est la plus critique, mais cette chenille peut apparaître plus tôt. Avec sa tête et son corps noirs et ses milliers de longs poils blancs urticants, elle descend des arbres pour muer en papillon de nuit sur le sol. Ses poils contiennent une substance hautement urticante, la thaumétopoéïne.

Par conséquent, évitez les zones infestées et tenez en particulier les enfants et les animaux à l'écart. Soyez attentifs aux grands cocons de soie blanche qu'elles tissent dans les arbres.

Symptômes en cas de contact :

- Poils dans la bouche, le nez et le visage : sécrétion de bave, gonflement de la langue et de la bouche, conjonctivite, vomissements, difficultés respiratoires.
- Poils dans les poumons : diverses affections pulmonaires, risque de suffocation.
- Poils dans l'estomac et les intestins : lésions du tube digestif.

Premiers secours

Les points de contact, par exemple la bouche, le nez et la peau, peuvent d'abord être lavés abondamment à l'eau. Portez des gants pour vous protéger.

Si votre chien présente des symptômes de réaction allergique, courez chez le vétérinaire. L'administration d'un médicament décongestionnant (généralement de la cortisone) ou d'un médicament antiallergique (comme un antihistaminique) peut souvent éviter le pire et apporter un soulagement rapide. Les pommades anti-inflammatoires peuvent également aider à traiter les irritations de la peau.

2. Parasites : tiques, puces, aoûtats

Les températures plus élevées favorisent aussi les tiques, puces et autres insectes désagréables. Cela ne peut pas faire de mal d'administrer à votre chien quelques soins préventifs. À vous de voir si vous préférez des remèdes naturels tels que l'huile de coco ou de nigelle ou des pipettes, des colliers ou des comprimés. Vous pouvez obtenir des renseignements auprès de votre vétérinaire ou dans un magasin spécialisé. Dans tous les cas, pensez à examiner votre chien après chaque promenade au printemps. Les tiques doivent être retirées le plus rapidement possible. Doucher les pattes de votre chien après chaque promenade peut contribuer à prévenir ou soulager les piqûres d'aoûtats.

Une piqûre d'insecte dans la gorge peut faire enfler le cou. Par conséquent, veillez à ce que votre compagnon à quatre pattes ne chasse pas les abeilles ou les guêpes pour éviter une éventuelle détresse respiratoire. Les piqûres peuvent également s'infecter ou provoquer une réaction allergique de la part de votre compagnon. Dans ces cas-là, il faut vite chercher du secours.

2

ÉTÉ

RÈGLES DE BONNE CONDUITE EN ÉTÉ

La même vigilance qu'au printemps (page 16) s'applique en été. À celle-ci s'ajoutent des précautions supplémentaires concernant les grillades. Les feux doivent toujours être allumés dans des foyers aménagés. Soyez également toujours attentifs à la législation cantonale et régionale, notamment dans les réserves naturelles.

Les éventuels dangers liés à l'eau sont abordés dans la randonnée « Sur les rives du lac de Bienne » (page 123).

P Parking | Gare | Cascade

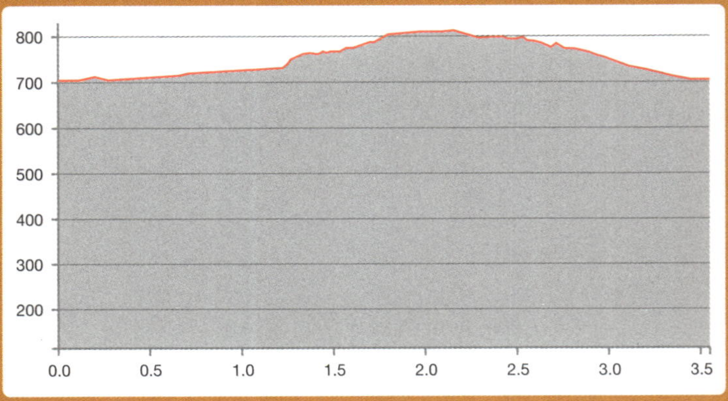

FAIDO

Canton : TESSIN

LONGUEUR
3,5 km

DURÉE
1 h

MONTÉE/
DESCENTE
144 m/142 m

ALTITUDE
MIN/MAX
701 m/810 m

TECHNIQUEMENT
Facile

PHYSIQUEMENT
Facile

SE RAFRAÎCHIR À L'OMBRE

LIVIA AVEC KAYA

Pour pouvoir profiter à fond de cette splendeur naturelle sans qu'il y ait trop de monde, mieux vaut s'y rendre tôt.

Un parking payant se situe juste derrière le centre commercial, d'où part le chemin bien balisé vers la cascade (à 5 min de marche). À peine sommes-nous sortis de la voiture que nous entendons le grondement de l'eau.

Pour les humains, il peut faire encore froid le matin pour une baignade. Mais n'hésitez pas à prévoir une petite pause pour les chiens. Tenus en laisse (réserve naturelle oblige), ils peuvent savourer ici leur premier bain pendant que leurs maîtres ou maîtresses en profitent pour prendre des photos.

Ce circuit d'environ 1 h vaut vraiment le détour. Dans la forêt et le long de la rive du Tessin, nous nous arrêtons à maintes reprises pour apprécier le clapotis apaisant de la rivière et le gazouillis des oiseaux. Car cet endroit a quelque chose de magique. De splendides aires de pique-nique équipées de grils jalonnent le parcours. Quiconque a été pris dans les embouteillages du Saint-Gothard les oublie rapidement ici.

Au bout de 30 min environ, une courte et agréable ascension mène, sur la gauche, au pont au-dessus de la cascade. Depuis la plateforme, nous observons les témoins du glorieux passé de Faido : les murs des villas et des hôtels abandonnés pourraient raconter de nombreuses histoires.

Nous poursuivons notre traversée de la forêt et revenons à notre point de départ de la cascade. Le chemin est parfois assez fréquenté, mais il y a suffisamment de place pour ne pas être dérangés et permettre à chacun d'apprécier la beauté de cet espace naturel et se rafraîchir.

Si vous en avez le temps, vous pouvez prolonger cette journée avec une excursion jusqu'au Lago Tremorgio (départ depuis Rodi-Fiesso). Le téléphérique (gratuit pour les chiens) vous transporte rapidement à 1827 m d'altitude jusqu'au joyau qu'est ce lac de montagne. Cependant, renseignez-vous au préalable pour savoir si des vaches y paissent. La station ne se trouve qu'à quelques minutes du lac. Prenez le temps sur place, faites le tour du lac (environ 40 min) ou explorez d'autres chemins dans ce fascinant univers montagnard !

BON À SAVOIR

- Cette randonnée convient aux familles.
- Les chiens doivent obligatoirement être tenus en laisse dans la réserve naturelle.
- Plusieurs places de feu sont disponibles.
- Préférez la basse saison et évitez les week-ends.
- Partez tôt les jours de forte chaleur.
- Pour plus d'informations : InfoPoint Bellinzona, Piazza Collegiata 12, 6500 Bellinzona, +41 91 825 21 31, bellinzona@bellinzonaevalli.ch, https://www.bellinzonaevalli.ch/de

À PRÉVOIR

- De bonnes chaussures de marche.
- La crème solaire est indispensable.

ACCÈS EN TRANSPORTS PUBLICS

- Cascade de Faido (cascata Piumogna) : à partir d'Airolo ou de Biasca, prenez le bus jusqu'à l'arrêt « Faido, Posta ». La cascade se trouve ensuite à 10 min de marche.
- Lago Tremorgio : à partir d'Airolo ou de Biasca, prenez le bus jusqu'à l'arrêt « Rodi, Colonia Von Mentlen ». La station inférieure « Teleferica Tremorgio » se trouve ensuite à 10 min à pied environ.

LE VILLAGE DE FAIDO

Documenté pour la première fois en 1171, Faido (connu en allemand sous le nom de « Pfaid ») est le chef-lieu du district de Léventine, situé dans le canton du Tessin. Dès le XIXe siècle, ce village, que la route du Saint-Gothard a rendu aisément accessible, est devenu un lieu de villégiature privilégié des riches Milanais. De nos jours, Faido abrite encore d'imposants hôtels et villas de style Art nouveau, témoins de ce glorieux passé. Les hôtels sont désormais fermés, mais la commune figure à l'inventaire fédéral des sites construits d'importance nationale à protéger en Suisse.

Si une visite du village vaut absolument le détour, la nature environnante est tout aussi intéressante. Facilement accessible à pied ou en voiture, la chute d'eau de Piumogna, destination de la présente randonnée, offre un spectacle enchanteur qui attire de nombreux touristes. Les massifs montagneux qui dominent le village sont tout aussi impressionnants.

P Parking
Remontée mécanique
Point de vue
Stäfeli
Pâturages
Places de feu
Prés fleuris
Bus

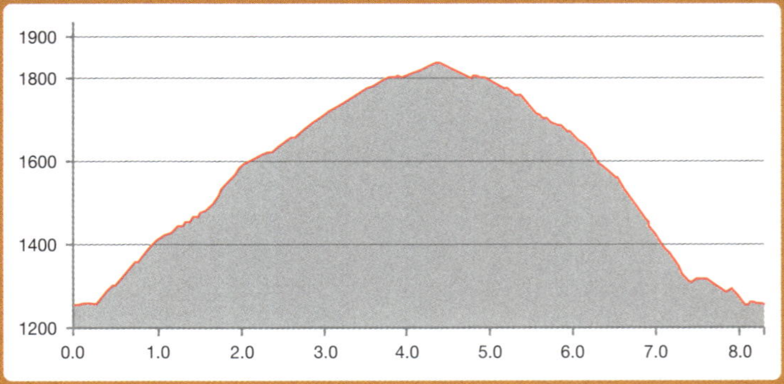

FLEURS ALPINES À WEISSENBERGE

Canton : GLARIS

LONGUEUR
8,5 km

DURÉE
3 h

MONTÉE/DESCENTE
622 m/622 m

ALTITUDE MIN/MAX
1255 m/1837 m

TECHNIQUEMENT
Moyen

PHYSIQUEMENT
Moyen

L'AIR FRAIS DES MONTAGNES DE GLARIS

LIVIA AVEC KAYA ET RUTH AVEC FLORA

La montagne est une destination idéale lorsqu'il commence à faire chaud.

Notre réservation (possible jusqu'à 17 h la veille) nous permet de prendre le téléphérique reliant Matt à Weissenberge à 6 h 55 du matin. Nous trouvons pour notre voiture une place gratuite à la station inférieure. Si vous empruntez les transports publics, allez jusqu'à Schwanden, où vous prendrez le bus en direction d'Elm jusqu'à Matt Dorf. Comptez ensuite 4 min de marche.

Notre périple commence donc par un voyage à bord d'une petite cabine de téléphérique. En l'espace de quelques minutes, nous avons gagné plusieurs mètres d'altitude, qui peuvent aussi, bien sûr, être gravis à pied.

Nous passons devant les jolis chalets de cette station de montagne jusqu'à Ängisboden (environ 30 min, suivre les indications « Stäfeli »). Nous sommes émerveillées face à un premier pré couvert de fleurs alpines, où nous en profitons pour faire une pause. De temps à autre, nous longeons un pâturage de vaches mères (que nous n'avons pas à traverser). Une vache nous suit du regard mais, comme les chiens sont tenus en laisse (c'est obligatoire dans cette zone), elle reste parfaitement calme. Si un troupeau est présent sur le dernier tronçon avant d'atteindre Ängisboden (quand le chemin de randonnée traverse le pâturage), vous pouvez aussi faire un détour par la route.

Le long du chemin jusqu'à l'Abedweid (environ 1 h) se trouvent plusieurs places de feu idéalement situées à l'ombre ou près de sources d'eau fraîche. L'ascension est agréable, partiellement ombragée et offre de nombreuses opportunités pour se rafraîchir, ce dont les chiens ne se privent pas.

Comptez ensuite environ 30 min jusqu'à Zindelchopf. Ne manquez ce magnifique point de vue sous aucun prétexte : devant nous se dévoilent le Piz Segnas, le Piz Sardona et le col de l'Ofen, qui rejoint le pays des Grisons à Laax, ainsi que toute la vallée du Sernf.

Nous profitons ici d'une pause prolongée avant d'entamer le chemin du retour en passant par Chegelboden et Stigenberg (où se trouvent encore de ravissants prés fleuris). La descente sollicite beaucoup les genoux, et nous nous félicitons d'avoir emporté nos bâtons de marche. Néanmoins, de nombreux bancs sont prévus le long du chemin pour se reposer et admirer la vue.

Tout au long de ce parcours, vous pourrez admirer quantité de ravissantes fleurs alpines (rhododendrons, anémones, œillets, scabieuses, berces du Caucase, géraniums des bois, marguerites).

Enfin, nous retournons en téléphérique jusqu'à Matt, point de départ de cette merveilleuse excursion.

Weissenberge est aussi un paradis en hiver, que ce soit en luge (attention aux plaques de verglas !) ou en raquettes.

BON À SAVOIR

- Mieux vaut commencer tôt (à condition de réserver avant 17 h la veille, départ en téléphérique possible dès 6 h 55 le matin).
- Les chiens doivent obligatoirement être tenus en laisse dans la réserve naturelle.
- La période la plus propice aux randonnées est du 20 juin au 20 juillet. Ensuite, les prés sont fauchés.
- Si votre chien a tendance à tirer fortement sur la laisse, il est recommandé d'effectuer le parcours en sens inverse.
- Pour plus d'informations : Luftseilbahn Matt, Weissenberge, Alte Strasse 7, 8766 Matt, +41 55 642 15 46, luftseilbahn@weissenberge.ch, https://www.weissenberge.ch

À PRÉVOIR

- De bonnes chaussures de marche.
- Des bâtons de randonnée si nécessaire.
- La crème solaire est indispensable.
- De l'eau pour les bipèdes comme pour les quadrupèdes

TROUVEZ CES FLEURS LE LONG DU CHEMIN

Edelweiss

Anémone

Berce du Caucase

Gentiane jaune

Œillet

Scabieuse

Marguerite

Géranium des bois

Gare
Aire de baignade
Pont sur le Rhin
Aire de grillade

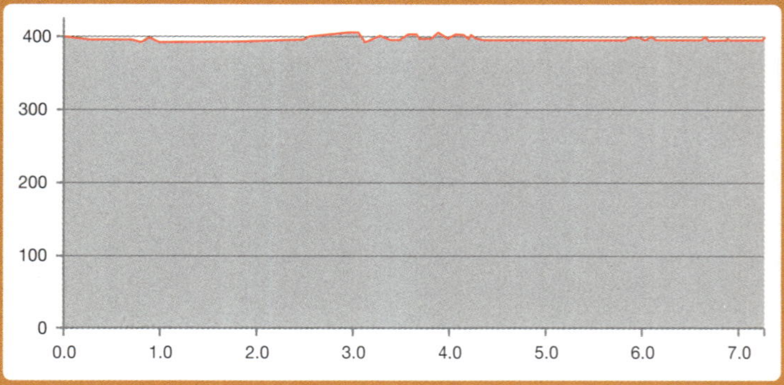

RANDO FLEUVE À DIESSENHOFEN

Canton : THURGOVIE

LONGUEUR
7 km

DURÉE
1 h 50

MONTÉE/DESCENTE
85 m/85 m

ALTITUDE MIN/MAX
391 m/404 m

TECHNIQUEMENT
Facile

PHYSIQUEMENT
Facile

SUR LA RIVE DU HAUT-RHIN

LIVIA AVEC KAYA ET RUTH AVEC FLORA

Les jours de grande chaleur, il vaut toujours mieux se lever tôt. C'est pourquoi nous sommes parties aux aurores !

Nous stationnons notre voiture (le parking est payant) juste à côté de Petriwiese, à Schlatt. Vous pouvez d'emblée payer pour une journée entière, car les environs sont fantastiques ! Pour ceux qui empruntent les transports publics, comptez 30 min à pied depuis la gare de Schlatt.

Petriwiese est une aire de baignade gratuite située au bord du Rhin mettant à la disposition des usagers des aires de grillade. Les chiens sont interdits ici, mais peu importe, car nous avons devant nous 7 km de chemin de randonnée sur la rive du Rhin avec d'innombrables possibilités de baignade.

À part un court tronçon empruntant un chemin de ferme, le sentier ne sort presque jamais de la forêt et longe le Rhin au plus près jusqu'à Diessenhofen.

Divers panneaux nous éclairent sur l'histoire de l'endroit, qui est par ailleurs classé réserve naturelle (les chiens doivent donc être tenus en laisse, comme cela nous l'est signalé à plusieurs reprises).

Nous marchons tranquillement jusqu'à Diessenhofen en nous arrêtant à plusieurs reprises pour nous rafraîchir ainsi que les chiens. Pour ma part, c'est à ce jour l'une de mes plus belles randonnées estivales.

Même si le lieu est très fréquenté le week-end, il y a suffisamment d'espace pour tout le monde. Et l'interdiction générale de circuler dissuade sûrement certaines personnes d'entreprendre ce parcours. Nous passons devant un grand nombre d'aires de pique-nique équipées de grils, de vastes bancs de gravier et de coins tranquilles qui invitent à s'asseoir et faire une pause.

À Diessenhofen, vous pouvez traverser le superbe vieux pont en bois rejoignant l'Allemagne (Gailingen) et explorer les environs.

Nous restons du côté suisse, où nous profitons de l'ambiance et nous régalons des délices culinaires des sympathiques restaurants et cafés, avant de prendre le chemin du retour. Il est tout à fait possible de revenir en train. Sinon, reprenez ce magnifique chemin en sens inverse et laissez-vous enchanter par cette région une fois de plus. En revanche, si le sol devient trop chaud pour les pattes des chiens, il est préférable de prendre un taxi.

BON À SAVOIR

- Mieux vaut démarrer tôt.
- Les chiens doivent obligatoirement être tenus en laisse dans la réserve naturelle.
- Pour plus d'informations : Tourismus Region Diessenhofen, Touristinfo Reisebüro Hager, Obertor 3, 8253 Diessenhofen, +41 52 657 41 37, info@hagerreisen.ch, http://www.hagerreisen.ch

À PRÉVOIR

- Des papiers d'identité, pour vous comme pour votre chien, pour passer la frontière le cas échéant.
- Un maillot de bain, si vous souhaitez vous baigner.
- La crème solaire est indispensable.
- De l'eau pour les bipèdes comme pour les quadrupèdes.

LE PLAISIR DE LA GRILLADE

La saucisse grillée au bout d'un bâton, on connaît par cœur. Voici quelques astuces pour donner un peu de peps à vos grillades !

PAIN SERPENT

INGRÉDIENTS (pour 4 pains)

- 200 g de farine
- ½ cc de sel
- 4 g de levure
- 1,2 dl d'eau

PRÉPARATION

1. Versez la farine et le sel dans un bol, mélangez et formez un puits. Faites se dissoudre la levure dans 0,5 dl d'eau et versez-la dans le puits. Mélangez délicatement jusqu'à obtention d'une bouillie épaisse et laissez reposer 15 min environ.

2. Ajoutez le reste de l'eau et pétrissez pour obtenir une pâte homogène. Couvrez et laissez lever à température ambiante jusqu'à ce que la pâte double de volume.

3. Divisez la pâte en quatre portions et formez de longs boudins. Enroulez chaque boudin autour d'un bâton. Faites cuire sur les braises 10 à 20 min, selon l'épaisseur.

BANANE AU CHOCOLAT

Fendez la banane dans sa peau dans le sens de la longueur (en évitant de la couper en deux !) et mettez-y le chocolat (la quantité dépend de votre gourmandise). Placez la banane sur des braises encore chaudes, mais pas rouges, jusqu'à ce que la peau noircisse. Le chocolat est alors fondu et la banane est bien molle.

Pour éviter de brûler la banane, vous pouvez la faire cuire en papillote en utilisant de l'aluminium ou des feuilles de plantes. En utilisant des feuilles de légumes séchées (par exemple des feuilles de maïs, de bananier, de rhubarbe, de chou ou de vigne), vous faites non seulement du bien à l'environnement mais aussi à votre santé. Ces feuilles sont idéales pour cuire du poisson, des légumes ou du fromage. Il suffit d'emballer, de placer sur les braises ardentes et de laisser cuire. Si les feuilles sont fermes, il est préférable de les blanchir rapidement au préalable. Pour cela, placez-les dans de l'eau chaude pendant 1 à 3 min selon l'épaisseur de la feuille, puis épongez l'eau.

POMME RÔTIE

Vous cherchez une manière originale de déguster une pomme ? Faites-la rôtir sur le gril ou piquez-la sur un bâton. Une fois la pomme cuite suffisamment ramollie, vous pourrez profiter pleinement de ce merveilleux plat sucré. Si vous retirez le cœur de la pomme et les pépins, vous pouvez la remplir de cannelle et de sucre.

Important: n'allumez des feux que dans des foyers aménagés et respectez la législation cantonale et régionale !

Gare | Château de Saint-Maurice | Grotte

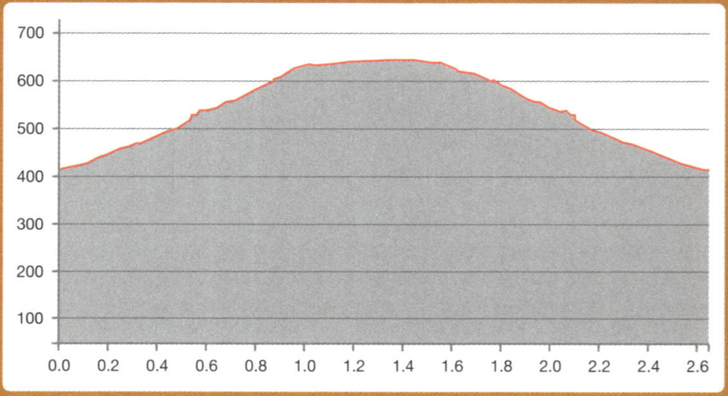

GROTTE AUX FÉES

Canton : VALAIS

LONGUEUR
2,5 km

DURÉE
1 h

MONTÉE/DESCENTE
238 m/237 m

ALTITUDE MIN/MAX
415 m/644 m

TECHNIQUEMENT
Facile

PHYSIQUEMENT
Facile

POUR LES JOURS DE CANICULE

LIVIA ET THOMAS AVEC KAYA

Il y a de nombreux sites à découvrir à Saint-Maurice. Que ce soit une balade le long des berges du Rhône ou une randonnée avec vue sur la plaine, les possibilités sont nombreuses et variées.

La promenade souterraine dans la Grotte aux Fées nous intrigue, car il ne va vraiment pas de soi que les chiens y soient admis. Pour que cela reste ainsi, assurez-vous que votre chien ait fait ses besoins avant d'y entrer et tenez-le en laisse courte.

L'ascension est raide et peut s'avérer éprouvante lorsqu'il fait chaud. L'entrée de la grotte n'est qu'à quelques minutes du château.

Choisissez de bonnes chaussures pour éviter tout risque de glissade. Cette promenade, par ailleurs facile, est déconseillée aux personnes souffrant de claustrophobie.

Après avoir parcouru 500 m à travers des galeries illuminées où l'on peut lire la légende des fées, nous atteignons le petit lac et sa vertigineuse chute d'eau. La visite nous permet d'observer cette curiosité de la nature sous tous les angles. Cette splendeur naturelle faite de roche et d'eau, unique en son genre, est très photogénique.

Tandis que nous revenons sur nos pas, nous changeons de perspective et redécouvrons les lieux.

Juste à l'entrée de la grotte se trouve un agréable restaurant, dont les chaleureux hôtes autorisent les chiens en terrasse.

BON À SAVOIR

- Mieux vaut démarrer tôt.
- Les chiens doivent être tenus en laisse courte dans la grotte.
- Pour plus d'informations : Grotte aux Fées, Sonia und Olivier Crittin-Reynard, Route du Chablais 1, 1890 Saint-Maurice, +41 24 485 10 45, grotteauxfees@bluemail.ch, http://www.grotteauxfees.ch

À PRÉVOIR

- De bonnes chaussures de marche.

LA GROTTE AUX FÉES

Cette grotte située au-dessus de Saint-Maurice est également connue sous le nom de « Trou aux Fayes ». Au début de l'ère chrétienne, elle aurait servi de refuge aux indigènes persécutés par les barbares qui sévissaient dans la région. En 1831, une expédition réussit à descendre à 600 m sous terre.

À partir de 1864, l'influence du chanoine Gard, professeur au collège de l'abbaye de Saint-Maurice, fut décisive dans l'histoire de la grotte. Il fut le promoteur et maître d'œuvre d'importants travaux de déblaiement et d'aménagement. C'est très probablement au cours de ces travaux de dynamitage que l'accès au lac aurait été ouvert. La même année, le chanoine décida d'exploiter la grotte en faveur de l'orphelinat de Vérolliez, dont il était le fondateur.

En 1865, il en confia la direction à la congrégation des religieuses de Saint-Maurice. Pour mieux la faire connaître, la grotte fut rebaptisée « Grotte aux Fées », un nom à consonance plus poétique que « Trou au Fayes ». À l'époque romantique, le succès ne tarda pas à venir, la grotte étant censée réaliser tous les rêves de ses visiteurs.

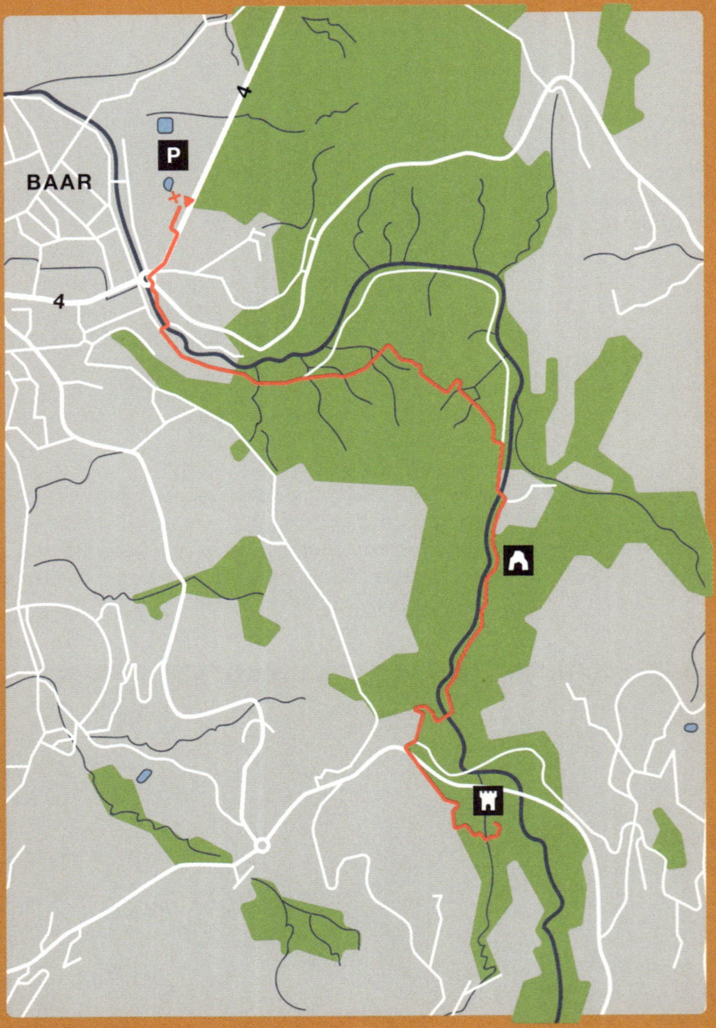

Parking

Grottes de l'Enfer

Ruines du château de Wildenburg

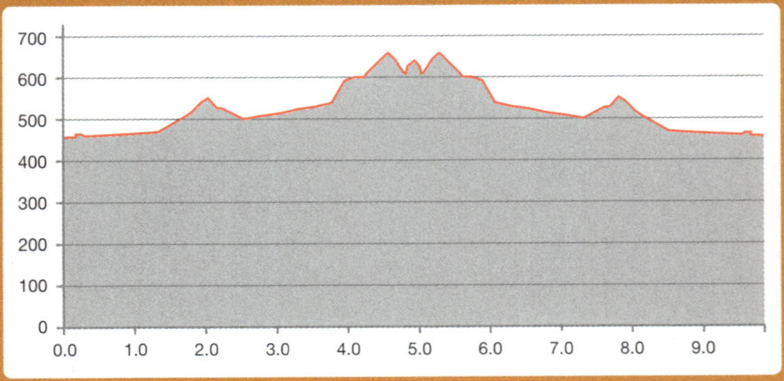

GROTTES DE L'ENFER DE BAAR

Canton : ZOUG

LONGUEUR
10 km

DURÉE
3 h

MONTÉE/
DESCENTE
398 m/398 m

ALTITUDE
MIN/MAX
454 m/655 m

TECHNIQUEMENT
Facile

PHYSIQUEMENT
Facile

FRAÎCHEUR MYSTIQUE

LIVIA AVEC KAYA
ET RUTH AVEC FLORA

Le bonheur des uns fait le malheur des autres : les jours de canicule sont particulièrement pénibles pour nos compagnons à quatre pattes.

Pour trouver un peu de fraîcheur par plus de 30 °C, visiter une grotte est une très bonne idée. Même les chiens y sont admis !

Aujourd'hui encore, la journée commence tôt, car nous voulons profiter des heures plus fraîches du matin et visiter la grotte, qui ouvre à 9 h, tous seuls si possible.

Nous laissons notre voiture sur le parking payant de la piscine en plein air de Lättich, à Baar. La rivière Lorze n'est qu'à 10 min à pied. Puis le chemin longe la rivière, qui serpente à travers des gorges à l'aspect sauvage et romantique.

Les chiens peuvent boire et se rafraîchir tout le long du parcours, qui dure une bonne heure. Cette promenade est bienvenue, car elle donne l'occasion aux chiens de faire leurs besoins, chose indispensable avant de descendre dans la grotte.

Nous arrivons pile à l'heure d'ouverture pour démarrer la visite. Quelle expérience formidable !

Dans la grotte, laissez votre chien avancer à son propre rythme. En effet, certains peuvent se montrer craintifs dans cet environnement peu familier.

De retour à l'air libre, nous sentons à quel point le soleil a fait peu à peu grimper la température.

Après cette visite rafraîchissante, nous comptons faire un crochet par les ruines du château de Wildenburg, situées à environ 40 min de la grotte.

La courte montée par le sentier vaut en effet la peine (si vous préférez, vous pouvez marcher sur la route goudronnée), car une fois arrivées au sommet, nous profitons d'un magnifique panorama.

Pour retourner jusqu'à la piscine, nous vous conseillons d'emprunter le même chemin qu'à l'aller, car la rivière est inaccessible depuis l'autre côté (côté route).

Il peut aussi être intéressant d'explorer les alentours. Pour cela, il est possible de stationner (gratuitement) près de la grotte.

Et pour une pause plus longue, une superbe place de feu a été aménagée au bord de la rivière en direction de Wildenburg.

Comme cet itinéraire est également très apprécié des cyclistes, il est préférable de faire cette randonnée un jour de semaine.

BON À SAVOIR

- Mieux vaut partir tôt le matin.
- Les chiens doivent être tenus en laisse courte dans la grotte.
- Pour plus d'informations : Höllgrotten Baar, Lorzendamm 28, 6340 Baar, +41 41 761 83 70, info@hoellgrotten.ch, https://www.hoellgrotten.ch

À PRÉVOIR

- De bonnes chaussures de marche.

LES « GROTTES DE L'ENFER » : HISTOIRE ET TOPONYMIE

Les grottes de Baar ont été découvertes il y a environ cent cinquante ans car on exploitait dans cette région le tuf. La première grotte principale, la « Cathédrale », a été mise au jour en 1863, puis le « Château enchanté » et la « Grotte aux Ours » vers 1900. Le propriétaire de la carrière de l'époque les a alors rendues accessibles au public. De nos jours, ces grottes sont éclairées et aisément praticables. D'une beauté singulière, elles attirent beaucoup de monde.

Ces grottes, chacune bien différente, comprennent plusieurs petits lacs et regorgent de stalactites de formes et de couleurs variées qui se sont formées au fil des millénaires à partir de sources calcaires.

Leur nom de « Grottes de l'Enfer » n'a en réalité rien à voir avec l'enfer ! Le nom allemand, « Höllgrotten », est dérivé du lieu-dit « Hell » (qui signifie « clair » en allemand) : c'est le nom de la clairière située au confluent des rivières de Höllbach et de la Lorze. Au fil du temps, le langage populaire l'a transformé en « Höll » (qui signifie « enfer » en allemand). Le « Hölloch » (« Trou de l'Enfer ») dans le Muotathal connaît une histoire similaire.

P Parking
Remontée mécanique
Point de vue
Montagne
Place de feu avec bois
Pâturage

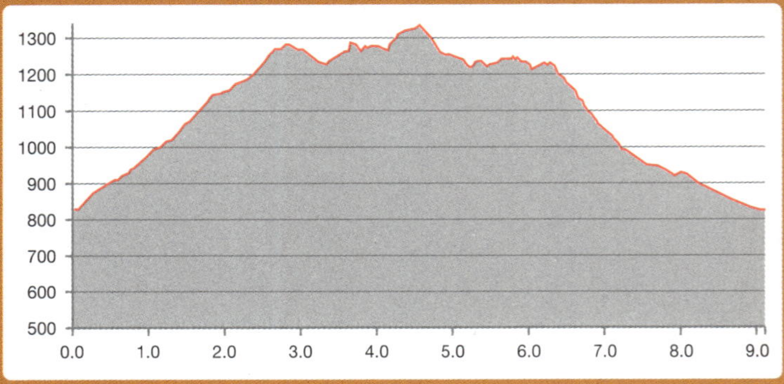

ATZMÄNNIG

Canton : SAINT-GALL

LONGUEUR
9 km

DURÉE
3 h 30

MONTÉE/
DESCENTE
681 m/682 m

ALTITUDE
MIN/MAX
824 m/1327 m

TECHNIQUEMENT
Moyen

PHYSIQUEMENT
Moyen

CONTRE-JOUR

LIVIA AVEC KAYA

Afin d'arriver à temps pour admirer le lever du soleil, il faut partir tôt et prévoir suffisamment de temps pour la randonnée. Comptez environ deux heures de marche et prévoyez du temps supplémentaire pour les pauses.

Le point de départ de cette randonnée est le parking payant de la société Sportbahnen Atzmännig AG. Le parking jouxte un terrain de camping. Par conséquent, soyez attentifs à ne pas faire trop de bruit en préparant vos sacs lorsque vous serez sur le départ.

Depuis le parking, un chemin balisé nous conduit à travers la forêt obscure. Encore plongés dans un demi-sommeil, nous sentons nos jambes engourdies et lourdes, d'autant que le plus gros du dénivelé s'effectue lors de la première heure. Dans la forêt, nous sommes survolés par une chouette, et dans la pénombre environnante, le cri d'un cerf parvient à nos oreilles. La tenue en laisse est obligatoire dans la région d'Atzmännig. Puis nous devons traverser deux pâturages. Les vaches ne nous quittent pas des yeux et nous suivent avec curiosité, mais restent calmes. Lorsque vous traversez une estive, marchez toujours d'un pas lent mais décidé.

Une fois arrivés à la station, nous prenons un peu de temps pour contempler le monde silencieux. Les petites lumières des villages se fondent au ciel étoilé pour former un magnifique tableau. À partir de là, il faut encore compter 1 h pour gravir le chemin d'altitude qui mène au Tweralpspitz. Gardez un œil sur la montre, car cette vue sublime fait oublier le temps qui passe.

Peu avant le Tweralpspitz, le chemin se transforme en un raide escalier de racines sur un court tronçon. Cet endroit est sécurisé par un câble métallique.

Pour atteindre le sommet, il vous faudra peut-être encore traverser un pâturage à vaches. Et enfin, vous êtes arrivés !

Une place de feu bien équipée, avec du bois, a été aménagée. S'il n'y a pas de vaches à proximité, rien ne vous empêche de vous offrir un bon petit-déjeuner composé de café et de pain-serpent ! Bien évidemment, veillez à remporter tous vos déchets.

Nous nous installons tout au sommet et attendons le grand moment. Et celui-ci surpasse toutes nos attentes : bonjour, le monde !

Pour le retour, nous choisissons de passer par Obertweralp et Grossrotstein afin d'admirer la vue sur le lac de Zurich.

Nous tournons à droite en direction de Chlifelsen, traversons Hinteraltschwand et revenons par la route jusqu'à la station inférieure d'Atzmännig, notre point de départ.

BON À SAVOIR

- Les chiens doivent obligatoirement être tenus en laisse.
- Pour plus d'informations : Sportbahnen Atzmännig AG, Postfach, 8638 Goldingen, +41 55 284 64 34, info@atzmaennig.ch, https://www.atzmaennig.ch

À PRÉVOIR

- Une lampe frontale, recommandée pour les randonnées de nuit.
- De bonnes chaussures de marche.
- Des bâtons de randonnée si nécessaire.

PHOTOGRAPHIER UN LEVER DE SOLEIL COMME LES PROS

Photographier le soleil qui se lève est un art en soi. Voici quelques conseils simples pour réussir ses photos :

- **Arrivez à temps :** cherchez sur internet l'heure exacte de son lever. Vous la trouverez facilement grâce aux mots clés « heure lever et coucher du soleil » associés à votre destination. Ensuite, partez suffisamment tôt pour pouvoir vous installer à un endroit approprié au moins 45 min avant.

- **N'attendez pas :** avant même que le soleil ne s'élève dans le ciel, celui-ci offre un spectacle coloré et chatoyant. Commencez à prendre des photos dès cet instant pour capturer les premières couleurs.

- **Placez bien la ligne d'horizon :** la ligne d'horizon est votre point de repère, alors faites attention à son placement. Souvent, le lever du soleil embrase complètement le ciel. Par conséquent, placez la ligne d'horizon dans le tiers inférieur de la photo. Et, très important : veillez à ce que l'horizon reste... horizontal. Une ligne d'horizon inclinée gâche toute la photo !

- **Jouez avec les silhouettes :** une silhouette au premier plan ajoute de la perspective et de la profondeur à vos photos de lever de soleil. Vous pouvez demander à vos amis de créer des formes avec leur corps et leurs mains, ou simplement placer votre chien !

- **Utilisez les reflets :** si vous vous trouvez au bord de l'eau, le soleil qui s'y reflète peut donner de superbes effets. Si vous vous trouvez en ville, repérez les endroits où la lumière du soleil levant se reflète sur des structures en verre ou des fenêtres. Les reflets font de superbes photos !

- **Regardez autour de vous :** même si vous pensez avoir découvert l'endroit idéal, jetez un coup d'œil autour de vous ! Parfois, vous pouvez capturer des couleurs intéressantes ainsi que des lumières et des silhouettes différentes.

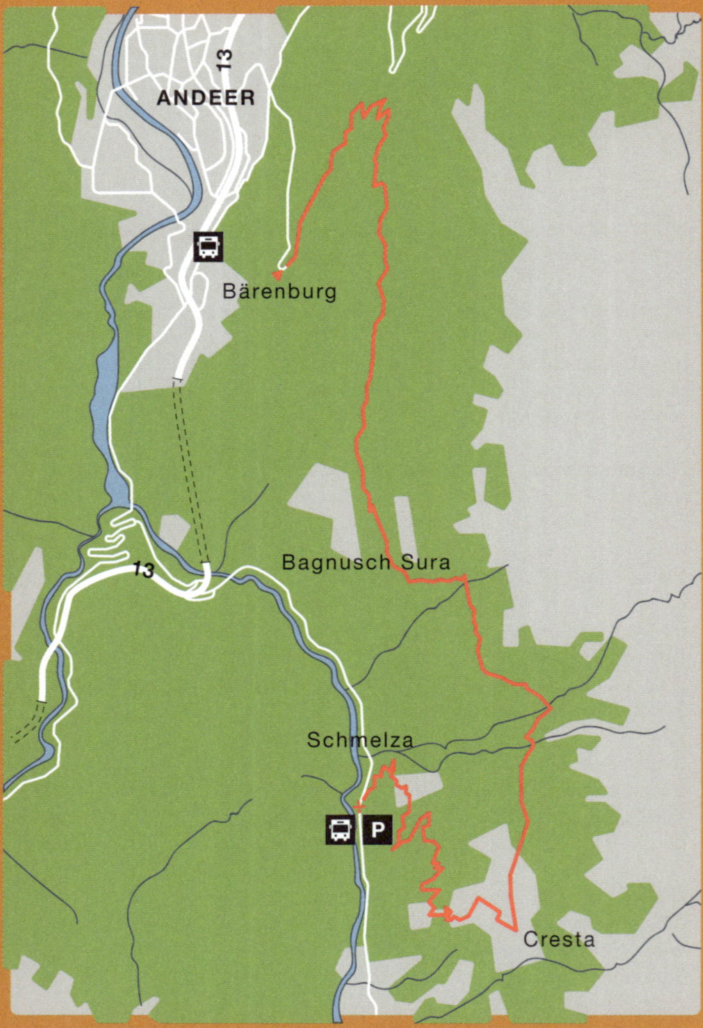

P Parking
Bus

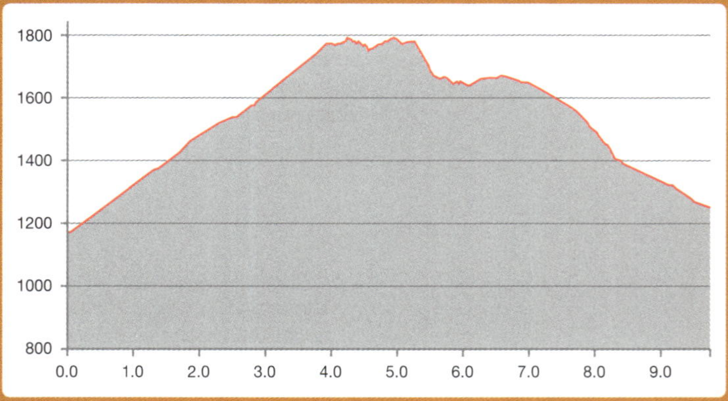

PARC NATUREL DE BEVERIN

Canton : GRISONS

LONGUEUR
10 km

DURÉE
3 h 40

MONTÉE/DESCENTE
755 m/670 m

ALTITUDE MIN/MAX
1165 m/1792 m

TECHNIQUEMENT
Moyen

PHYSIQUEMENT
Moyen

PARFUM D'AROLE

LIVIA ET THOMAS AVEC KAYA

En été, les chemins au bord de l'eau sont bien sûr des destinations de premier choix, mais il fait tout aussi bon dans les forêts. Nous partons dans les Grisons, où nous comptons marcher de Bärenburg jusqu'à Ferrera, Schmelzi.

Si votre chien a tendance à tirer fortement sur la laisse, je vous recommande d'effectuer le parcours en sens inverse. C'est pratique, car le parking de Schmelzi se trouve juste à côté de l'arrêt de bus, ce qui permet d'y revenir facilement.

Pour notre part, nous trouvons une place de stationnement dans le village, puis nous suivons les panneaux indicateurs. Le large chemin de gravier nous fait gagner peu à peu en altitude. Nous apprécions le parfum d'arole qui nous accompagne tout au long de la randonnée. Çà et là, des senteurs agréables nous poussent à chercher la plante correspondante. L'achillée, l'aconit, l'oxalis, les baies de sorbier et même les premiers champignons se montrent sous leurs plus beaux atours. Les lichens sur les arbres témoignent de la pureté de l'air de la montagne.

Peu après Bagnusch Sura, le chemin devient plus étroit et longe un à-pic. Seuls les randonneurs au pied sûr et n'ayant pas le vertige peuvent y passer. Une chaîne est fixée à la roche pour s'y accrocher.

Le sentier nous conduit vers Cresta à travers une forêt d'aroles et de mélèzes. Émerveillés par cette nature pratiquement vierge, nous profitons d'un matelas de mousse pour faire une halte et nous reposer.

Il nous reste encore deux ponts à traverser alors que nous nous approchons peu à peu du petit village de Cresta.

À présent, il nous faut redescendre ce que nous avons gravi, mais le sentier en pente douce qui nous ramène vers Ferrera, Schmelzi ménage nos articulations.

Cette fantastique randonnée convient bien au début et à la fin de l'été.

BON À SAVOIR

- En automne, saison de la chasse, cette randonnée est moins recommandée.
- Après la pluie, attention aux chemins glissants et aux chutes de pierres.
- Il est préférable de partir tôt le matin (bien que ce soit en forêt, il fait très chaud pendant l'ascension).
- Les chiens doivent obligatoirement être tenus en laisse dans la réserve naturelle.
- Bärenburg et Ferrera, Schmelzi sont desservis par le CarPostal.
- Pour plus d'informations : Naturpark Beverin, Center da Capricorns, 7433 Wergenstein, +41 81 650 70 10, info@naturpark-beverin.ch, https://www.naturpark-beverin.ch

À PRÉVOIR

- De bonnes chaussures de marche.
- Des bâtons de randonnée si nécessaire.
- De l'eau pour les bipèdes comme pour les quadrupèdes (il n'y a pas de point d'eau en chemin).

REPÉREZ CES PLANTES ET CES ARBRES

Épicéa

Arole

Achillée

Lichen

Sorbier des oiseaux

Mélèze

Aconite

P Places de stationnement   Montagne

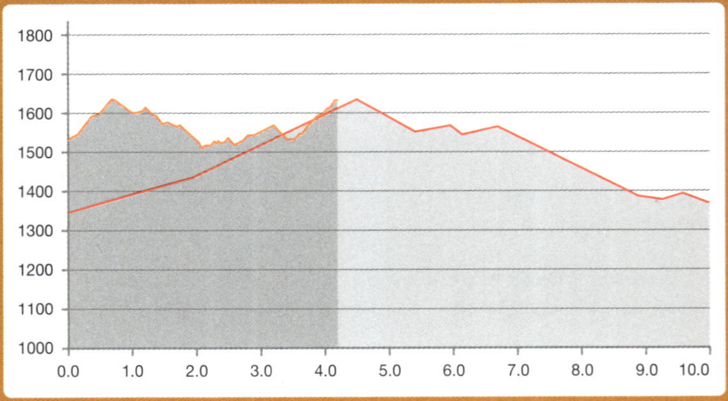

FORÊT VIERGE

Canton : SCHWYTZ

LONGUEUR
10 km

DURÉE
3 h

MONTÉE/
DESCENTE
460 m/460 m

ALTITUDE
MIN/MAX
1373 m/1666 m

TECHNIQUEMENT
Moyen

PHYSIQUEMENT
Moyen

SUR LES TRACES DES ANIMAUX SAUVAGES

LIVIA AVEC KAYA

Le point de départ de cette belle randonnée se situe à peu près à 400 m en contrebas de Rasishütte.

Le large chemin de gravier monte progressivement à travers une flore variée, favorisée par les divers biotopes. Il faut compter environ 1 h pour atteindre l'alpage d'Obersaum, situé à 1510 m d'altitude. Des boissons y sont disponibles en libre-service pour se rafraîchir. De là, un autre chemin s'élève à travers un premier pâturage où se trouve un troupeau de vaches allaitantes, puis un second un peu plus haut où paissent des chèvres. La vue est magnifique sur Muotathal et les montagnes environnantes.

Lors du printemps alpestre, le Chalbertal vaut le détour tant il est riche en gentianes, primevères sauvages, globulaires et anémones alpines. Nous vous recommandons de porter de bonnes chaussures et de bien suivre le balisage, car à partir d'Äbnenmatt, le chemin continue sur un terrain rocheux. Constituée de calcaire de Schratten, cette roche est dissoute par l'eau de pluie, ce qui crée de curieuses formes en surface ainsi que de profonds puits visibles juste à côté du chemin.

L'alpage de Wolfsbüel n'est pas toujours exploité, et nous avons la chance de profiter d'un silence absolu tout le long de notre pause déjeuner.

Le dernier tiers de cette randonnée traverse la forêt de Bödmeren, ce que j'attendais avec impatience, car il s'agit d'une des rares forêts vierges de Suisse ! Nous passons tout d'abord devant des bouleaux pubescents. La vue sur Hoch Ybrig est superbe. Puis nous traversons un paysage de bois morts, de lichens et de fougères ainsi qu'une dense forêt d'épicéas peu avant Mittenwald. De là, nous retournons vers Rasishütte jusqu'à notre point de départ (il est également possible de retourner en bus jusqu'à Eigeliswald).

Nous avons suivi le chemin « Urwaldweg » (« Le Chemin de la forêt vierge »), remarquablement bien balisé, qui prend à peu près 3 h. Ceux qui le souhaitent peuvent suivre le sentier thématique « Urwaldspur » (« La Trace de la forêt vierge »), qui dure environ 1 h.

Je recommande la variante la plus longue à partir de début septembre, quand il fait un peu plus frais et qu'il n'y a plus de vaches dans les pâturages. Les deux tiers de ce parcours s'effectuant à découvert, il n'est pas recommandé les jours de forte chaleur, sauf en commençant très tôt le matin.

BON À SAVOIR

- Les chiens doivent obligatoirement être tenus en laisse dans la réserve naturelle.
- Il vous faudra traverser des pâturages.
- Il vous faudra franchir des ponts suspendus.
- Il s'agit d'une réserve naturelle.
- Il y a peu d'endroits ombragés.
- Pour plus d'informations : Stiftung Urwaldreservat Bödmeren, Gwerd 1, 6436 Ried-Muotathal, +41 41 830 23 76, http://www.boedmeren.ch/language/de/urwaldreservat

À PRÉVOIR

- De l'eau pour les bipèdes comme pour les quadrupèdes.

FORÊT DE BÖDMEREN

La forêt de Bödmeren est la plus grande zone forestière d'un seul tenant de la commune de Muotathal. D'une superficie de près de 550 ha, c'est l'une des forêts primitives des Alpes. Certains secteurs ressemblent à une forêt vierge, car ils ont très peu subi l'influence de l'homme. Cette forêt s'étend sur un vaste paysage karstique lacéré par des fossés et des fractures. Elle est célèbre pour sa diversité de plantes vasculaires, de mousses et de lichens et est habitée par des chamois, des coqs de bruyère, des pics tridactyles et des chouettes pygmées. On ne peut qu'être fascinés par ce paysage de rochers calcaires aux formes bizarres affleurant entre d'épais coussins de mousse et des bouleaux pubescents blancs et brillants. La forêt de Bödmeren est particulièrement impressionnante en juillet et en automne quand la molinie, une graminée, vire à l'orange et que les feuilles de myrtille prennent des teintes rouge écarlate. Pendant les mois d'été, une prudence particulière est de mise en raison de la présence de vaches mères.

HAGNECK
Brönntimatte
LÜSCHERZ

Gare   Bus

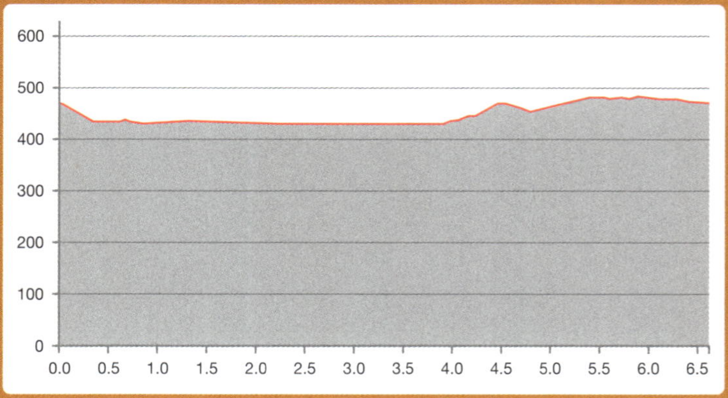
600
500
400
300
200
100
0
0.0
0.5
1.0
1.5
2.0
2.5
3.0
3.5
4.0
4.5
5.0
5.5
6.0
6.5

SUR LES RIVES DU LAC DE BIENNE

Canton : BERNE

LONGUEUR
6,5 km

DURÉE
1 h 40

MONTÉE/DESCENTE
88 m/88 m

ALTITUDE MIN/MAX
429 m/482 m

TECHNIQUEMENT
Facile

PHYSIQUEMENT
Facile

BAIGNADE POUR LES CHIENS ET LES HUMAINS

LIVIA ET THOMAS AVEC KAYA

Nous stationnons notre voiture au lieu-dit Brönntimatte. Si vous préférez utiliser les transports publics, vous pouvez descendre à l'arrêt « Lüscherz » et profiter du chemin forestier qui traverse Brönntimatte jusqu'au lac.

Nous commençons par jeter un coup d'œil à la centrale hydroélectrique de Hagneck, située dans une zone alluviale protégée. Un petit tour au bord de l'eau permettra à votre chien de se rafraîchir. Puis nous attaquons le chemin en direction de Cerlier (Erlach). Pendant 20 petites minutes, nous ne marchons pas le long de la rive mais sur une large route de gravier parallèle au lac. Ce chemin est également un itinéraire cycliste, donc il est très emprunté. Toutefois, si vous êtes à pied, vous pouvez tourner à droite vers le lac et marcher directement le long de la rive jusqu'à Lüscherz. Une interdiction générale de circuler s'applique ici.

Nous passons devant de magnifiques places de grillade où les humains peuvent se reposer pendant que les chiens se baignent.

À Lüscherz, les chiens ne sont pas admis sur la plage, mais ils ont eu déjà de nombreuses occasions de se baigner du côté de Hagneck.

Pour le retour depuis Lüscherz, vous pouvez soit revenir en train, soit prendre le chemin forestier qui traverse le Seerain.

BON À SAVOIR

- Ce circuit est accessible à tous.
- Cette balade convient aux familles.
- Les chiens doivent obligatoirement être tenus en laisse dans cette réserve naturelle.
- Des places de camping sont disponibles juste au bord du lac et peuvent être réservées auprès de la municipalité de Lüscherz.
- Entre Lüscherz et Cerlier (Erlach), le chemin ne longe pas directement la rive du lac.
- Par temps chaud, visitez l'île Saint-Pierre très tôt le matin, car il faut compter 45 min de marche sur un chemin de gravier et sans ombre depuis Cerlier jusqu'à la première possibilité de baignade.
- Vous pouvez vous procurer un ticket journalier pour chien auprès de la société Navigation Lac de Bienne.
- La région étant très populaire, préférez la basse saison et les jours de semaine.
- Mieux vaut démarrer tôt les jours de forte chaleur.
- Pour plus d'informations : Bielersee Tourismus, Burgweg, 2513 Twann, +41 32 315 76 67, https://www.bielersee-tourismus.ch, info@bielersee-tourismus.ch

À PRÉVOIR

- De l'eau pour votre chien, même si vous êtes près du lac.

L'EAU N'EST PAS SANS DANGER: PRUDENCE

Intoxication par l'eau

Lorsque le chien avale de grandes quantités d'eau, son équilibre électrolytique est perturbé. Sa sensation de soif augmente, de sorte qu'il boit davantage. Cela peut entraîner des arythmies cardiaques, des œdèmes pulmonaires et des défaillances neurologiques. Le chien peut sembler apathique, comme s'il était « absent », ou peut être pris de convulsions. Dans le pire des cas, il perd connaissance, tombe dans le coma et meurt.

Si l'on soupçonne une intoxication par l'eau, chaque seconde compte : courez chez le vétérinaire. En cours de route, un apport en sel peut être utile : les biscuits et sticks salés contribuent à augmenter le taux de sodium dans l'organisme. Mais il se peut que votre chien ne soit plus capable de s'alimenter à ce stade.

Le chien peut mourir en dépit des soins vétérinaires et même après l'équilibrage des électrolytes.

Autrement dit : lui faire chercher un jouet dans l'eau deux ou trois fois, c'est bien. Ensuite, mieux vaut lui proposer une nouvelle activité sur terre.

La «queue d'eau froide »:

L'été, c'est la saison de l'eau : beaucoup de chiens aiment s'y ébattre. Mais après quelques heures de jeu, le syndrome de la queue morte peut se manifester. Il se caractérise par une queue raide remuant à peine et dont le bout pend mollement. Également appelée « *limber tail* » ou « queue cassée », cette pathologie survient après une forte sollicitation des muscles du dos et de la queue, notamment par temps froid. Sa cause exacte n'est pas encore connue, mais on suppose que la combinaison d'une sollicitation excessive des muscles et du froid provoque une inflammation entraînant la destruction des cellules et des micro-lésions des fibres musculaires. Cette affection est extrêmement douloureuse pour le chien, raison pour laquelle une consultation chez le vétérinaire s'impose. En règle générale, un traitement aux anti-inflammatoires et antidouleurs sur une période de trois à cinq jours est nécessaire. Pour prévenir ce syndrome, mieux vaut éviter un entraînement excessif près de l'eau. Car les labradors retriever et autres chiens qui adorent l'eau ne connaissent pas de limites. Dans tous les cas, veillez à bien sécher votre chien après la baignade.

Algues bleues et algues rouges:

Les algues bleues et rouges sont des bactéries (cyanobactéries). On les trouve principalement dans les eaux stagnantes. Toutes deux prolifèrent particulièrement vite par des températures estivales et peuvent former des plaques verdâtres. Elles contiennent des substances toxiques qui peuvent être très nocives pour les chiens.

Les lacs, les étangs et les piscines dont l'eau est trouble ou qui présentent une forte coloration verte ou rouge sont à éviter. Tenez également votre chien à l'écart si la visibilité dans l'eau est inférieure à 1 m de profondeur ou si une prolifération de micro-organismes voile la surface de l'eau. Les dépôts de couleur bleue, verte ou rouge noirâtre desséchés sur les pierres et sur les berges peuvent également contenir des toxines dangereuses que le chien peut ingérer par léchage ou mastication.

Évitez de promener votre chien près de cours d'eau et d'étangs dont vous ignorez s'ils sont infestés d'algues bleues ou rouges. Dans les zones contaminées, tenez votre chien en laisse et ne le laissez pas y boire de l'eau. En cas de contact ou d'intoxication, emmenez immédiatement votre chien chez le vétérinaire le plus proche.

P Places de stationnement

Bus

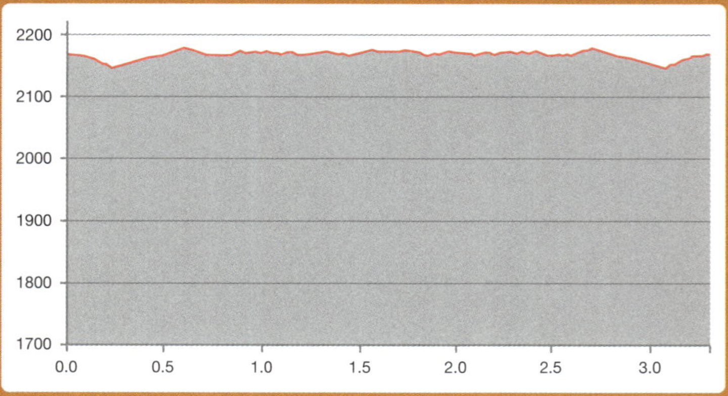

CIEL ÉTOILÉ AU COL DU GRIMSEL

Canton : BERNE/VALAIS

LONGUEUR
3,5 km

DURÉE
1 h

MONTÉE/DESCENTE
121 m/121 m

ALTITUDE MIN/MAX
2144 m/2174 m

TECHNIQUEMENT
Facile

PHYSIQUEMENT
Facile

RÉCRÉATION NOCTURNE

RUTH AVEC FLORA
ET LIVIA ET THOMAS AVEC KAYA

Rien de plus rafraîchissant qu'une randonnée nocturne en montagne lors des chaudes journées de fin d'été, et rien de plus magnifique aussi, tant les étoiles filantes sont nombreuses en août !

Afin de ne pas s'exposer aux dangers, il est important de faire attention à un certain nombre de choses. Outre la difficulté de certains chemins, il faut faire attention à ne pas déranger les animaux sauvages durant la nuit. Par conséquent, la destination doit être choisie avec soin. Et elle doit aussi être facilement accessible à pied.

Lorsque vous choisissez votre randonnée nocturne, prenez garde à l'altitude et aux sommets environnants, afin que la vue ne soit pas bouchée par les montagnes qui vous entourent. En l'occurrence, à 2163 m d'altitude, le col du Grimsel est une destination de premier choix.

Il y a un parking gratuit sur place, et il est possible de séjourner avec un chien à l'hôtel, ou d'y stationner un camping-car. Il est préférable de réserver, car l'endroit est pratiquement toujours complet le week-end. Vous pouvez ainsi démarrer après un délicieux souper sans vous soucier de trouver un hébergement pour la nuit.

Nous choisissons de marcher en direction de Twärenegg, car le chemin y est bien visible et aisément praticable. Vous pouvez entreprendre le tour du Totesee (comptez environ 1 h aller-retour). En revanche, à partir de la moitié, le chemin n'est plus qu'un sentier. Et au barrage, un escalier métallique ainsi qu'un passage difficile dissuadent de continuer dans l'obscurité.

En moins d'une demi-heure, nous atteignons l'autre côté du lac, sur lequel se reflètent les étoiles scintillantes, et distinguons le parking en face.

La scène est indescriptible, tout simplement sublime : on devine la Voie lactée, la Grande Ourse, Cassiopée et, avec un peu de chance, vous verrez de nombreuses étoiles filantes. Le silence absolu et la fraîcheur ambiante sont un régal pour tous les sens. Le chemin du retour est le même que celui de l'aller.

Cette balade nocturne est inoubliable pour toute la famille !

BON À SAVOIR

- Il y a possibilité de stationner ou de trouver un hébergement sur place.
- Il est possible de se rendre à Grimsel Hospiz en transports publics.
- Pour plus d'informations : Obergoms Tourismus AG, Furkastrasse 617, 3985 Münster, +41 27 974 68 68, tourismus@obergoms.ch, https://www.obergoms.ch

À PRÉVOIR

- De bonnes chaussures de marche.
- Une lampe frontale, recommandée pour les randonnées de nuit.
- Des couvertures, pour les longues pauses !
- Un GPS est recommandé.

RECONNAÎTRE LES CONSTELLATIONS

Essaim d'étoiles filantes des Perséides

Les Perséides sont les étoiles filantes les plus connues. Elles livrent leur spectacle dans le ciel des nuits d'été, au cœur du mois d'août.

Cassiopée

Les cinq principales étoiles de la constellation de Cassiopée forment un W ou un M distinctif dans le ciel.

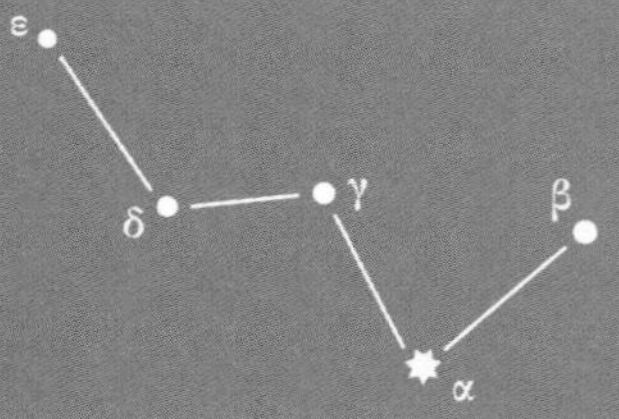

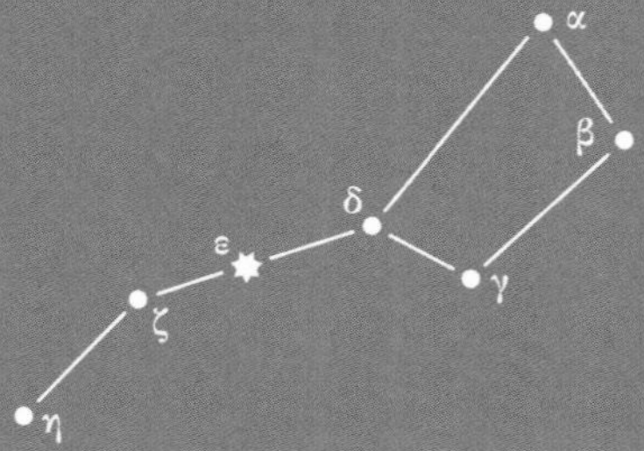

Grande Ourse

La Grande Ourse (aussi appelée Grande Casserole ou Grand Chariot) est une grande constellation située plein nord.

Étoile polaire

L'Étoile polaire est l'étoile la plus brillante de la constellation de la Petite Ourse (ou Petite Casserole). Comme sa luminosité est relativement élevée (2 mag) et qu'elle est proche du pôle Nord céleste, elle se prête à la détermination géographique du nord.

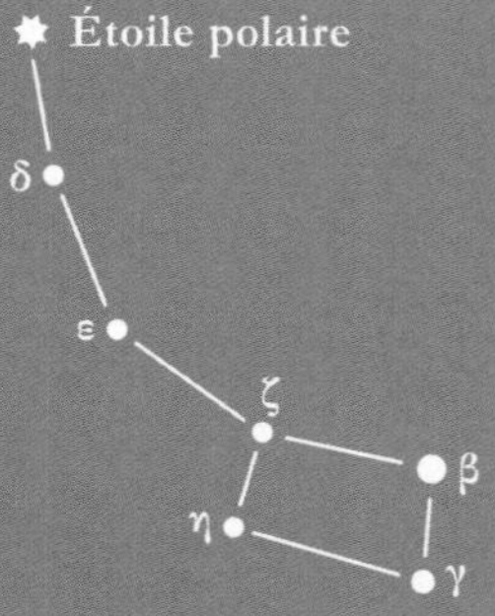

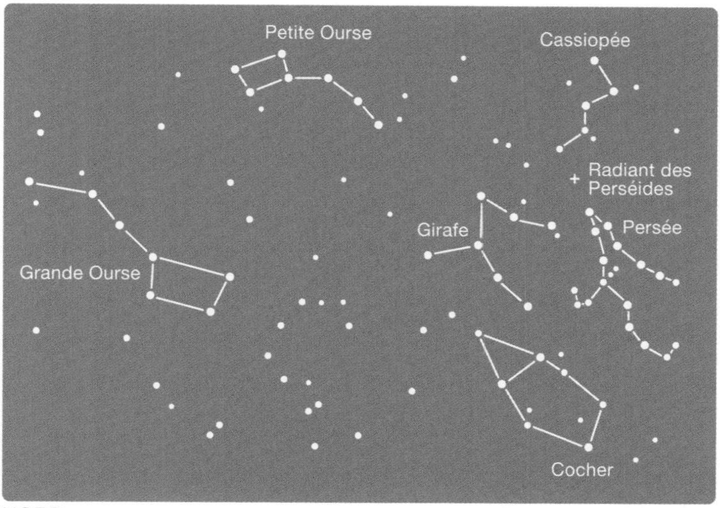

NORD NORD-EST

La constellation de la Grande Ourse est bien visible et peut être observée dans le ciel tout au long de l'année dans les régions septentrionales. Si l'on multiplie par cinq la distance entre les deux dernières étoiles formant l'arrière de la casserole de la Grande Ourse, on rejoint presque l'Étoile polaire.

La position des constellations dépend de la saison, de l'heure ainsi que de la latitude du lieu d'observation.

Conseils pour une nuit étoilée optimale:

- **Attendez un ciel nocturne dégagé:** vérifiez les prévisions météorologiques, car dès que les nuages s'accumulent, les constellations ne sont plus aussi faciles à repérer.
- **Fuyez les environnements lumineux:** choisissez un endroit à l'écart de toute lumière et loin de la civilisation, de préférence sur une colline où vous pouvez profiter d'une vue dégagée dans toutes les directions.
- **Armez-vous de patience et rangez votre téléphone:** votre œil a besoin de temps pour s'habituer à l'obscurité. Prévoyez donc des vêtements chauds, une couverture moelleuse et des provisions, et installez-vous confortablement. Les étoiles filantes sont porteuses de chance. Comme le dit le proverbe allemand, «la patience apporte des roses». Eh bien, elle apporte aussi des étoiles filantes!

3

AUTOMNE

QUE FAIRE QUAND ON EST SURPRIS PAR LA PLUIE?

Voici quelques idées pour oublier l'humidité de façon ludique lors d'une promenade sous la pluie.

Laissez votre chien «lire son journal»
En règle générale, les chiens sont plus lents lorsqu'ils se promènent sans nous, alors que nous, les humains, voulons généralement suivre un itinéraire que nous avons déjà en tête. Lors de votre balade, choisissez un endroit stimulant pour votre chien et laissez-le renifler cette zone aussi longtemps qu'il le souhaite jusqu'à ce qu'il ait tout exploré. Si vous le tenez en laisse, courez après lui et ne le forcez pas à se dépêcher.

Faites-lui chercher de la nourriture
Il existe d'innombrables façons de rechercher des morceaux de nourriture. Faites attendre votre chien en position assise, debout ou couchée, ou demandez à une autre personne de le tenir. Au début, cachez la nourriture dans son champ de vision. Puis augmentez progressivement la difficulté en dissimulant les morceaux de nourriture sur une souche d'arbre ou dans des branchages, par exemple. Plus tard, vous pouvez déposer de la nourriture hors de sa vue. Utilisez toujours le même signal pour donner à votre chien la permission de chercher et manger ce qu'il a retrouvé.

Faites-lui rapporter un objet
Si votre chien sait déjà rapporter des objets, vous pouvez laisser tomber quelque chose (par exemple, un jouet) sur le bord du chemin pendant la promenade. Deux à trois mètres plus loin, arrêtez-vous et envoyez votre chien chercher l'objet « perdu » pour vous le rapporter. Vous pouvez progressivement augmenter la distance que le chien doit parcourir pour retrouver l'objet.
La difficulté s'accroît si vous changez d'objet et laissez tomber, par exemple, un mouchoir à la place de son jouet.

Jouez à cache-cache
Si vous êtes en compagnie d'une autre personne, laissez votre chien attendre avec elle et cachez-vous. Tout simplement. Laissez votre chien vous chercher. Là aussi, vous pouvez augmenter le niveau de difficulté à votre gré. Vous pouvez également inverser le jeu et voir si votre chien retrouve la personne qui vous accompagne.
Votre chien est-il capable de suivre des ordres comme « Assis ! », « Couché ! », « Fais le beau ! » au seul son de votre voix et sans vous voir ? Faites-en l'expérience dans la forêt : faites attendre votre chien devant un arbre, tenez-vous derrière le tronc et donnez-lui le signal.

Jeu de distance
Il y a beaucoup d'espace en forêt pour tester la distance à laquelle vous pouvez vous éloigner de votre chien tout en lui faisant exécuter un ordre. Exemple : votre chien est-il capable de se coucher si vous vous tenez à 5 m de lui ? Conseil : augmentez la distance petit à petit et récompensez-le à chaque fois qu'il exécute correctement votre demande. Alors ? Combien de mètres ?

Remarque
La tenue en laisse étant bien souvent obligatoire dans les forêts en vertu des réglementations cantonales, régionales ou saisonnières, vous pouvez aussi très bien effectuer ces jeux avec une longe.

Un grand merci à Anita Ziegler de Filmtier.ch pour ces idées !

BISCUITS POUR CHIEN FAITS MAISON

OS À LA SAUCISSE AU FOIE

INGRÉDIENTS

Pour environ 350 biscuits en forme d'os

- 1 œuf
- 250 g de saucisse au foie
- 500 g de flocons d'avoine fins
- 300 g de cottage cheese
- 100 ml d'huile de tournesol
- Un peu de fécule (de pomme de terre) pour étaler

PRÉPARATION

Mélangez tous les ingrédients dans un saladier et laissez reposer au réfrigérateur pendant environ 1 h. Si la pâte est encore trop humide pour être étalée, rajoutez des flocons d'avoine ou de la fécule. Ensuite, abaissez la pâte à une épaisseur de 1 cm sur un plan de travail préalablement fariné et découpez les biscuits à l'aide d'un emporte-pièce en forme d'os. Faites cuire à 150 °C à chaleur tournante pendant 30 min, puis laissez refroidir lentement dans le four éteint.

BISCUITS AU THON

INGRÉDIENTS

- 1 boîte de thon au naturel
- 1 œuf
- Un peu de persil (haché)
- Fécule (de pomme de terre), polenta ou flocons d'avoine pour épaissir (si nécessaire)

PRÉPARATION

Mélangez tous les ingrédients et formez des petites boules. Si vous utilisez de la polenta, laissez un peu plus de liquide dans la pâte. Vous pouvez varier la dimension des biscuits en fonction de la taille et de la préférence de votre chien. Puis faites cuire au four à chaleur tournante à 150 °C pendant environ 30 min. Le temps de cuisson varie en fonction de la taille des boules. Laissez refroidir dans le four éteint.

BONBONS AU FROMAGE BLANC

INGRÉDIENTS

- 200 g de flocons d'avoine fins
- 100 g de farine d'épeautre
- Environ 6 cs de babeurre (pour donner une bonne consistance à la pâte)
- 5 cs d'huile (par exemple, huile de carthame ou d'olive)
- 1 œuf
- 1 cs de curry
- 150 g de fromage blanc maigre

PRÉPARATION

Mélangez bien tous les ingrédients dans un bol et formez des petites boules. Faites cuire au four à 180 °C pendant 25 min environ.

CRACKERS AU FROMAGE

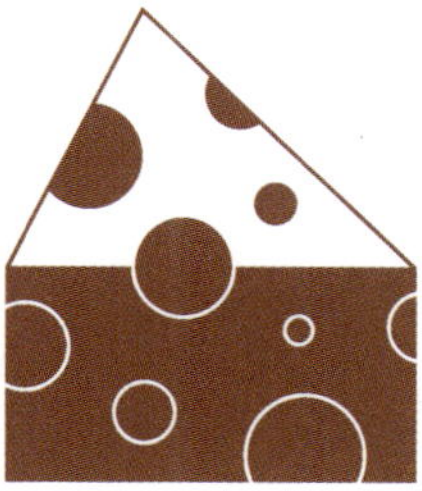

INGRÉDIENTS

- 100 g de fromage râpé
- 100 g de cottage cheese
- 1 œuf
- 50 g de pain Wasa émietté
- 200 g de farine
- 1 cs d'huile
- Un peu d'eau, si la pâte est trop ferme

PRÉPARATION

Mélangez bien tous les ingrédients et formez des petites boules ou des bâtonnets de la longueur d'un doigt. Faites cuire au four à 180 °C pendant 25 min environ. Laissez refroidir dans le four éteint.

BISCUITS POMME-YOGOURT

INGRÉDIENTS

- 100 g de farine d'épeautre
- 100 g de flocons d'avoine
- 50 g de fécule de riz
- 1 cs de miel
- 1 pomme râpée
- 150 g de yogourt nature
- Un peu de cannelle

PRÉPARATION

Mélangez tous les ingrédients et abaissez la pâte à un peu moins de 1 cm d'épaisseur. Découpez des palets ou d'autres formes à l'aide d'un emporte-pièce. Faites cuire au four à 150 °C pendant 45 min environ. Si vous souhaitez que vos biscuits se conservent plus longtemps, il suffit de les laisser refroidir dans le four moins chaud (vous pouvez éventuellement bloquer l'ouverture du four avec une cuillère en bois).

- P Parking
- Restaurant
- Ruines du château
- Gare
- Point de vue

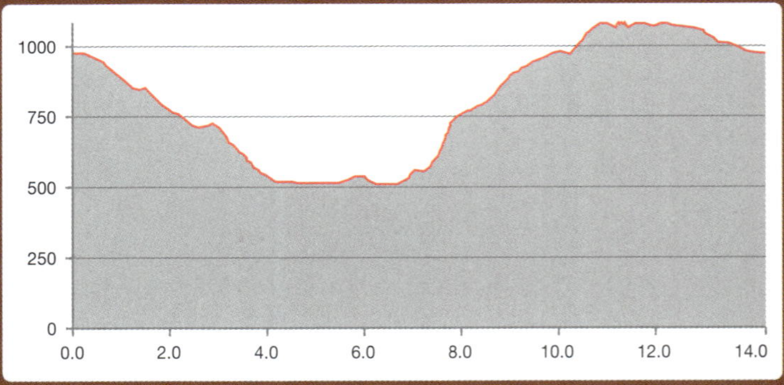

DES FRANCHES-MONTAGNES AU DOUBS

Canton : JURA

LONGUEUR
14 km

DURÉE
4 h 40

MONTÉE/DESCENTE
760 m/760 m

ALTITUDE MIN/MAX
510 m/1062 m

TECHNIQUEMENT
Difficile*

PHYSIQUEMENT
Moyen

* Certaines parties doivent être escaladées avec le chien.

PARTIES DE GRIMPE ET D'ESCALIERS

LIVIA ET THOMAS AVEC KAYA

À noter avant de commencer : avec un chien, cette randonnée ne peut se faire que dans un sens.

Nous stationnons notre voiture sur le parking payant de la gare du Noirmont.

Nous atteignons rapidement la forêt, où un large chemin descend en pente douce jusqu'à la rivière du Doubs. Quelle ambiance mystique ! Les arbres, qui ont revêtu leurs couleurs d'automne, sont magnifiques. Lorsque le sol est jonché de feuilles mortes, de bonnes chaussures de marche sont nécessaires, et des bâtons peuvent s'avérer utiles.

Tout est calme, nous sommes seuls dans la forêt. Vu qu'il s'agit d'une réserve naturelle, Kaya est tenue en laisse. Comme il n'est pas impossible que nous apercevions des chevreuils, c'est d'autant plus important. Nous suivons le chemin qui continue de descendre.

Le long du Doubs, qui marque la frontière entre la France et la Suisse, le sentier reste relativement plat jusqu'au restaurant du Theusseret (où les chiens sont d'ailleurs admis). Prévoyez suffisamment de temps pour profiter de ces merveilleux moments au bord de la rivière. On y trouve des aires de pique-nique (avec des places de feu aménagées).

À présent commence le tronçon le plus difficile du parcours. Le passage vers le lieu-dit Chez-le-Bolé est étroit et raide. Les bipèdes montent par des échelles en métal constituées de quelques marches tandis que les chiens peuvent grimper à côté. Mais au niveau du rocher, pour franchir le troisième obstacle, le chien doit également être capable de gravir les (larges) marches de l'échelle de métal.

Une fois arrivés à cet endroit, la vue est à couper le souffle !

Le chemin en direction de Sommêtre nous mène à travers la forêt le long de vieux et très hauts sapins. C'est fantastique ! Alors que la pente redevient plus raide à présent, nous apprécions nos bonnes chaussures et nos bâtons de marche. D'autant plus que jusqu'au pâturage (où des vaches paissent en été !), le terrain est particulièrement boueux et glissant.

Cette randonnée est certes fatigante, mais ce n'est pas une raison suffisante pour manquer la visite des ruines du château de Spiegelberg. Il reste quelques marches à gravir, mais ce petit effort supplémentaire, qui ne prend que quelques minutes, en vaut la peine, car la vue sur le paysage alentour est de toute beauté !

BON À SAVOIR

- Avec un chien, cette randonnée n'est praticable que dans un sens.
- Les chiens doivent obligatoirement être tenus en laisse.
- La quasi-totalité de la randonnée se déroule dans la forêt (à l'ombre).
- Ce circuit ne convient qu'aux chiens entraînés.
- Ce circuit ne convient pas aux personnes sujettes au vertige.
- Il existe un parcours plus facile à proximité : « Au fil du Doubs ».
- Pour plus d'informations : Jura Tourisme, Rue de la Gruère 6, 2350 Saignelégier, +41 32 432 41 60, info@juratourisme.ch, https://www.j3l.ch/de/Z10489/jura-tourismus

À PRÉVOIR

- De bonnes chaussures de marche.
- De l'eau pour les bipèdes comme pour les quadrupèdes.
- Des bâtons de randonnée si nécessaire.

GOURMANDISES NATURELLES

La nature en automne, si généreuse en précieuses denrées, offre l'opportunité de longues promenades avec son compagnon quadrupède pour cueillir les champignons et ramasser baies et noix en vue de repas sains et délicieux.

Noix pour chiens:

Une noix contient de nombreuses vitamines et bonnes graisses qui peuvent constituer un complément alimentaire précieux pour les chiens. Bien sûr, assurez-vous auparavant que votre chien n'est pas allergique aux noix. Et ne lui en donnez toujours qu'en petites quantités, car les noix peuvent favoriser un excès de poids. Par ailleurs, leur teneur en phosphore est élevée.

Certaines noix sont riches en histamine et peuvent causer aux chiens des allergies, voire des crises d'épilepsie. Après avoir décortiqué les noix, mieux vaut les diviser en tout petits morceaux et les mélanger à leur nourriture ou ne leur en donner qu'occasionnellement en guise de friandises. Évitez également de leur donner des noix trop épicées ou trop salées.

Les noix suivantes sont comestibles pour les chiens: noix de cajou, cacahuètes (attention aux allergies), châtaignes cuites, noisettes.

Ne leur donnez en aucun cas les noix suivantes: noix de macadamia, amandes amères, noix de muscade, noix noire.

Pour nos amis quadrupèdes, la prudence est de mise avec les châtaignes: ils peuvent se piquer avec les épines, et les châtaignes peuvent leur provoquer une occlusion intestinale. En effet, la châtaigne crue et sa bogue verte contiennent des substances susceptibles de provoquer des troubles digestifs chez les chiens, en petites quantités, et s'avèrent dangereuses en plus grandes quantités. En revanche, les châtaignes cuites et épluchées constituent une excellente option de collation automnale. Elles sont riches en vitamines B, pauvres en graisses et sans gluten.

P Parking | Gare | Remontée mécanique | Montagne

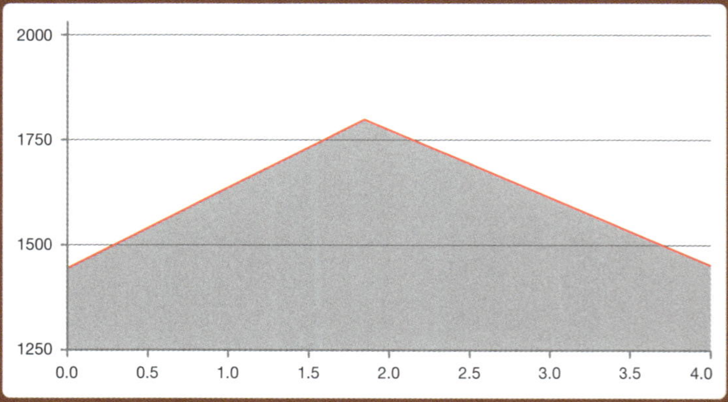

CIRCUIT DE LA HOLZFLUE DEPUIS ENNENDA

Canton : GLARIS

LONGUEUR
4 km

DURÉE
2 h

MONTÉE/DESCENTE
420 m/420 m

ALTITUDE MIN/MAX
1443 m/1783 m

TECHNIQUEMENT
Moyen

PHYSIQUEMENT
Moyen

VUE SUR LA MER DE NUAGES

LIVIA ET THOMAS AVEC KAYA

Depuis le parking gratuit de la gare d'Ennenda, suivez les panneaux à travers la ville jusqu'à l'Aeugstenbahn (téléphérique) pour Bärenboden. C'est ici, à 1446 m d'altitude, au-dessus d'une mer de nuages, que commence notre balade de 2 h. À partir de Bärenboden, il y a de nombreuses possibilités pour randonner, allant de la balade de 1 h à la rando d'une journée entière (par exemple, la randonnée du Fessis-Seeli). Les sentiers sont tous aisément praticables et bien balisés.

Le chemin a tendance à monter pendant les 45 premières minutes, mais on y prête peu attention tant la vue sur les montagnes environnantes est fantastique. De bonnes chaussures de marche sont indispensables. L'itinéraire nous mène à travers la forêt et les tourbières jusqu'à l'alpage de Begligen. De là, il est possible de gravir le Schilt. Le chemin se poursuit ensuite à travers la réserve forestière pour revenir à Aeugsten, où nous faisons de nouveau halte afin de profiter encore une fois de l'accueil chaleureux de l'Aeugstenhütte et de ce merveilleux environnement. Puis nous reprenons le téléphérique pour retourner à notre point de départ.

Cette randonnée offre de superbes panoramas tout le long du circuit. La réserve forestière se trouve au sein de la réserve fédérale de protection de la faune sauvage de Schilt et d'une zone de tranquillité pour la faune. Par conséquent, les chiens doivent être tenus en laisse courte.

BON À SAVOIR

- Il s’agit d’une randonnée en montagne.
- Les chiens doivent être tenus en laisse dans cette réserve naturelle.
- Pour plus d’informations : Genossenschaft Aeugstenbahn, Platte, 8755 Ennenda, +41 55 640 81 53, info@aeugstenbahn.ch, https://www.aeugstenbahn.ch

À PRÉVOIR

- De l’eau ainsi qu’un repas pour les bipèdes comme pour les quadrupèdes.
- De bonnes chaussures de marche.

CHAMPIGNONS

En automne, le cœur d'un cueilleur de champignons bat la chamade. Normal, c'est la pleine saison pour ramasser les champignons ! Mais attention, pour les quadrupèdes comme pour les bipèdes, la prudence est de mise.

Afin de ne pas prendre de risque, si votre chien a mangé un champignon, signalez-le immédiatement au vétérinaire. N'attendez pas qu'il présente des symptômes.

Voici quelques symptômes possibles en cas d'intoxication aux champignons:

- Vomissements
- Diarrhée
- Douleurs au ventre
- Frissons
- Salivation excessive
- Convulsions
- Palpitations cardiaques
- Faiblesse ou léthargie soudaine (troubles de la conscience)
- Crampes

L'essentiel en bref:

- Dans la forêt, vous êtes un invité. Par conséquent, respectez la saison de cueillette des champignons et la réglementation sur la protection de l'environnement.
- Emportez un bon manuel de mycologie (mais ne vous y fiez pas aveuglément).
- Transportez toujours vos champignons dans un récipient perméable à l'air (par exemple un panier), jamais dans un sac en plastique (dans lequel ils peuvent s'abîmer).
- Les champignons inconnus doivent être séparés des autres lors du transport.
- De manière générale, les champignons ramassés doivent toujours être présentés à un contrôleur de champignons local ou à un connaisseur pour être inspectés avant d'être consommés. Ne ramassez que les champignons que vous connaissez.
- Les éventuels œufs de parasites meurent à plus de 70 °C.

Principales caractéristiques de trois bolets communs:

	Chapeau	Réseau réticulé sur le pied	Chair
Cèpe de Bordeaux, comestible	noisette	fin, blanc	blanc, doux
Bolet de fiel, non comestible	brun olive	gros, épais	blanc, amer
Bolet à beau pied, non comestible	gris-brun	fin, jaune sur fond rouge	bleuté, amer

Les bolets bruns se distinguent facilement par la couleur de leurs tubes. S'ils sont bleus, ce ne sont pas des cèpes. Cependant, les bolets prenant une coloration bleutée ne sont pas tous toxiques. Faites attention à la présence d'un réseau réticulé (sorte de filet) sur le pied et vérifiez le goût.

En règle générale, la présence d'un réseau réticulé sur le pied d'un bolet signifie qu'il ne faut pas y toucher – sauf pour les bolets qui présentent un filet blanc ou jaune !

Parking
Pont suspendu
Remontée mécanique
Pâturage
Barrage
Chapelle

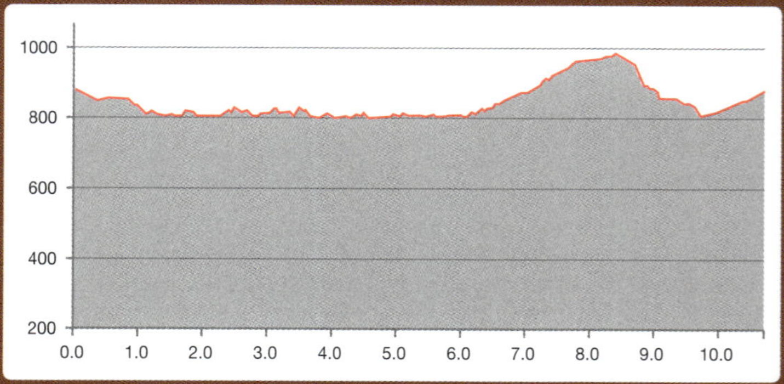

LAC DE MONTSALVENS

Canton : FRIBOURG

LONGUEUR
10,5 km

DURÉE
3 h 20

MONTÉE/DESCENTE
508 m/508 m

ALTITUDE MIN/MAX
801 m/983 m

TECHNIQUEMENT
Facile

PHYSIQUEMENT
Moyen

RANDONNÉE PITTORESQUE AUTOUR D'UN LAC ARTIFICIEL

LIVIA AVEC KAYA

Le tour du lac de Montsalvens est un grand classique également très apprécié des familles. Le lac est situé entre les villages de Broc et de Charmey, sur la route du col du Jaun.

Nous stationnons notre voiture sur le vaste parking de l'office du tourisme de Charmey, à la station inférieure du téléphérique. Pour les adeptes, le camping se trouve juste à côté. Ce départ est aussi très fréquenté par les parapentistes, car la télécabine les hisse en un rien de temps à 1626 m d'altitude. Par conséquent, attendez-vous à devoir partager le parking avec beaucoup d'autres promeneurs. Mais la randonnée n'en est pas moins belle pour autant !

Au bout de seulement quelques mètres le long de la route, nous trouvons le point de départ officiel de la randonnée « Tour de Lac », où un point de collecte des déjections canines est idéalement placé. Pour commencer, nous traversons une magnifique forêt, avant de rejoindre la rive.

En automne, le niveau du lac est assez bas, et les bras du lac, sortes de petits « fjords », sont moins impressionnants – mais l'endroit est en revanche beaucoup moins fréquenté qu'en été. Dans le calme de cette atmosphère automnale, nous en profitons pour faire de fréquentes haltes.

Nous déconseillons aux personnes sujettes au vertige de franchir le pont suspendu. De même, ne vous y aventurez avec votre chien que si celui-ci a été habitué à se déplacer sur un sol instable.

Il faut compter environ 1 h 30 de marche jusqu'au barrage. De là, il est également possible de monter jusqu'à Châtel-sur-Montsalvens et de prendre le bus (trajet de 5 min environ) pour retourner à Charmey.

Pour notre part, nous continuons à marcher jusqu'à l'entrée de la vallée du Motélon. Parvenus à la rivière du même nom, nous suivons ce cours d'eau follement romantique puis prenons à gauche, jusqu'à l'ancienne chapelle de la Monse.

Le chemin nous fait ensuite traverser des pâturages, mais en automne, les vaches ont déjà pris leurs quartiers d'hiver.

À présent, nous amorçons la descente. Équipez-vous de bonnes chaussures, car les prés peuvent être glissants à cette époque de l'année.

Toujours gratifiées d'une vue magnifique sur Charmey, nous suivons le chemin du retour en direction de la station inférieure.

Prévoyez suffisamment de temps pour profiter des nombreux points de vue qu'offre cette randonnée. Nous avons fait ce circuit dans le sens inverse des aiguilles d'une montre, mais si votre chien tire fort sur la laisse, il est recommandé de le faire dans l'autre sens.

BON À SAVOIR

- Les chemins sont glissants après la pluie.
- C'est un parcours également superbe en été, mais très fréquenté.
- Du 1er avril au 15 juillet (période de couvaison et de mise bas), les chiens doivent obligatoirement être tenus en laisse.
- Pour plus d'informations : La Gruyère Tourisme, Place des Alpes 26, Case postale, 1630 Bulle, +41 84 842 44 24, info@la-gruyere.ch, https://www.la-gruyere.ch/fr

À PRÉVOIR

- De l'eau pour les bipèdes et les quadrupèdes.
- De bonnes chaussures de marche.

POÈME D'AUTOMNE

La forêt silencieuse se parant de teintes variées
Annonce en couleur que l'hiver va s'installer
Mais pour l'heure, profitons-en pleinement
Balayons de nos pieds les feuilles gaiement.

Le soleil nous caresse de ses rayons chatoyants
Tandis que des gerbes nouées luisent dans les champs

Un rayon de soleil brisant la brume
Comme une lumière magique allume.

Dans cette merveilleuse nature d'automne
Marcher avec son chien n'est jamais monotone.

Ruth Scherrer

P Parking

Gare

Ferme Mathis

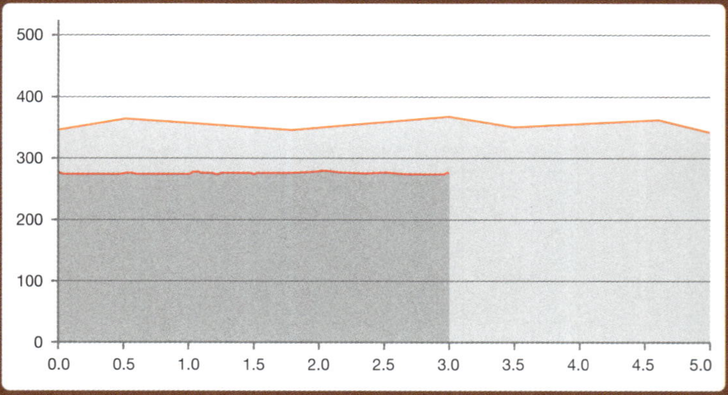

LABYRINTHE DE MAÏS DE LA FERME MATHIS

Canton : BÂLE-CAMPAGNE

LONGUEUR
Variable

DURÉE
Variable

TECHNIQUEMENT
Facile

PHYSIQUEMENT
Facile

JOYEUX CASSE-TÊTE

LIVIA AVEC KAYA ET NATHALIE AVEC INDIRA

Il y a un parking public à proximité immédiate de Bruderholzweg. Il vous faut ensuite compter 10 à 15 min de marche jusqu'au labyrinthe de maïs de la ferme Mathis où les chiens et les humains peuvent se dégourdir les pattes. Ce parking est également le point de départ d'une grande et belle boucle accessible à tous.

À la ferme Mathis, nous sommes chaleureusement accueillies par Päuli, le chien de la ferme, et sa famille. Tout a été pensé et agencé avec un amour du détail, ici. Dans la boutique, les étals regorgent de citrouilles, et une profusion de variétés invite aux expériences culinaires. À noter que les chiens peuvent consommer de la citrouille, crue ou cuite !

Mais chaque chose en son temps, car le labyrinthe de maïs nous attend. Même ici, les chiens (tenus en laisse courte) sont autorisés. Et personne ne devrait se priver de cette aventure, qui convient à tout âge. Confiantes en nos capacités pour trouver notre chemin en un rien de temps, nous nous élançons. Finalement, il nous a bien fallu essayer toutes les possibilités pour atteindre la sortie !

Pour finir, ne manquez pas d'acheter une citrouille pour le souper ! Jetez un coup d'œil à notre proposition de recette.

Si vous vous déplacez en voiture, vous pouvez faire un petit détour au bord de la Birse pour que votre chien puisse se rafraîchir. Car même en automne, le soleil peut vite chauffer le sol, et il n'y a pratiquement aucun endroit à l'ombre.

Nous garons notre voiture sur le parking payant du terrain de sport. Au frais sous la voûte des arbres, l'air est agréable ici. Le chemin franchit un pont et poursuit le long de la Birse. Selon votre temps et vos possibilités, vous pouvez adapter votre parcours, de 30 min à 1 h de marche.

BON À SAVOIR

- Les chiens doivent obligatoirement être tenus en laisse dans la ferme et dans le labyrinthe.
- Il n'y a pratiquement pas d'endroits à l'ombre : cet itinéraire n'est donc pas recommandé par temps chaud.
- Il y a moins de fréquentation en semaine et en matinée.
- Pour plus d'informations : Familie Mathis, Brändelistal, Dubackerweg 2, 4103 Bottmingen, +41 61 421 14 58, info@mathis-hof.ch, https://www.mathis-hof.ch

À PRÉVOIR

- Un sac pour acheter des courges peut s'avérer utile.

MINI-COURGE FARCIE

INGRÉDIENTS

- 1 petite courge (variété : bumpkin, sweet dumpling, small fancy, jack be little, baby boo, etc.)
- Champignons de Paris ou champignons variés
- Lardons en dés
- Crème entière
- Sel, poivre

PRÉPARATION

Coupez le haut de la courge, retirez les graines et faites-la cuire jusqu'à ce qu'elle soit tendre. Gardez-la au chaud. Coupez les champignons en petits morceaux et faites-les rissoler avec les lardons. Déglacez avec un peu de crème entière, faites réduire, puis assaisonnez. Remplissez la courge de ce mélange et servez immédiatement. Le ragoût de champignons se déguste mélangé à la chair de la courge.

Remontée mécanique

Point de vue

Restaurant

Montagne

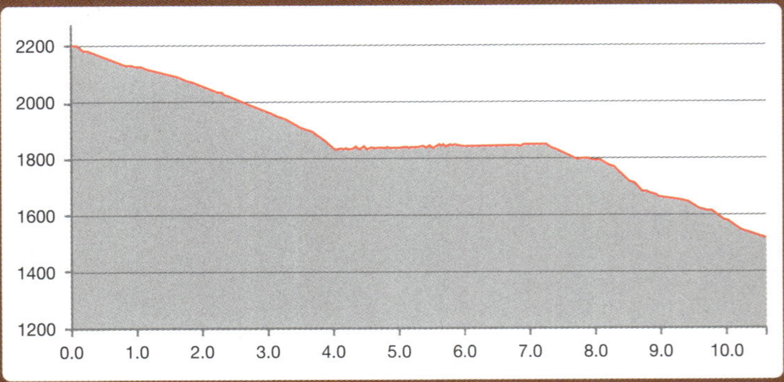

FORÊT DE MÉLÈZES

Canton : VALAIS

LONGUEUR
10,5 km

DURÉE
2 h 40

MONTÉE/DESCENTE
60 m/876 m

ALTITUDE MIN/MAX
1379 m/2195 m

TECHNIQUEMENT
Facile

PHYSIQUEMENT
Facile

LES PLUS GRANDS ET VIEUX MÉLÈZES D'EUROPE

LIVIA ET THOMAS AVEC KAYA

Pour admirer ce feu d'artifice de couleurs à son paroxysme, nous vous conseillons d'attendre les derniers jours de fonctionnement des remontées mécaniques en automne. Sinon, en basse saison, l'alpage de Balavaux est encore desservi certains jours par une navette.

Nous laissons notre voiture à la station inférieure de Haute-Nendaz et prenons une télécabine pour Tracouet. Les randonneurs aguerris peuvent aussi effectuer cette ascension à pied (environ 2 h).

À 2196 m d'altitude, un superbe panorama sur toutes les montagnes environnantes s'étend devant nous. Avant de commencer à descendre vers Balavaux, nous suivons le panneau indicateur jusqu'au lac Noir.

Puis nous empruntons le large chemin en direction de Balavaux en nous arrêtant souvent devant les majestueux mélèzes. La couleur splendide de ces arbres dans ce magnifique paysage de montagne confère à cette excursion un caractère unique.

À Balavaux, on compte plus de 250 mélèzes âgés de 300 à 1000 ans. Un restaurant vous accueille avec une terrasse ensoleillée donnant sur l'alpage.

Le long du bisse de Saxon (ancien canal d'irrigation), le chemin nous fait traverser une explosion de rouge et d'or jusqu'à Haute-Nendaz. Le dernier tronçon, assez raide, sollicite beaucoup les genoux, et nous apprécions nos bâtons de marche.

Cet itinéraire est en partie emprunté par des cyclistes, mais si vous démarrez tôt, ce n'est pas trop bondé.

Unique en son genre, cette randonnée fait partie de nos favorites !

BON À SAVOIR

- Les chiens doivent obligatoirement être tenus en laisse.
- Pour plus d'informations : Nendaz Tourisme, Route de la Télécabine 1, Case postale 288, 1997 Haute-Nendaz, +41 27 289 55 89, info@nendaz.ch, https://www.nendaz.ch

À PRÉVOIR

- De l'eau pour les bipèdes comme pour les quadrupèdes
- De bonnes chaussures de marche.
- Des bâtons de randonnée si nécessaire.

LE MÉLÈZE

Le mélèze est le seul conifère de nos contrées à perdre ses aiguilles en automne. Pourquoi ? En faisant tomber ses aiguilles, les mélèzes se protègent des conséquences du gel. En effet, en hiver, les feuilles risqueraient de geler et les arbres de se dessécher : l'eau s'évaporerait par les feuilles de l'arbre alors que ses racines ne pourraient pas absorber suffisamment d'eau du sol gelé. Les mélèzes poussent en haute montagne, à la limite de la forêt, là où il fait un froid glacial en hiver. Et comme il perd ses aiguilles, le mélèze est le seul arbre capable de résister à un tel froid.

Certains conifères comme le pin ou le sapin se protègent différemment. Leurs feuilles en forme d'aiguilles présentent des parois épaisses et très peu de surface, limitant ainsi la perte d'eau par évaporation, contrairement aux aiguilles des mélèzes qui sont souples et mal protégées en hiver.

Remontée mécanique
Gare
Montagne
Aire de grillade

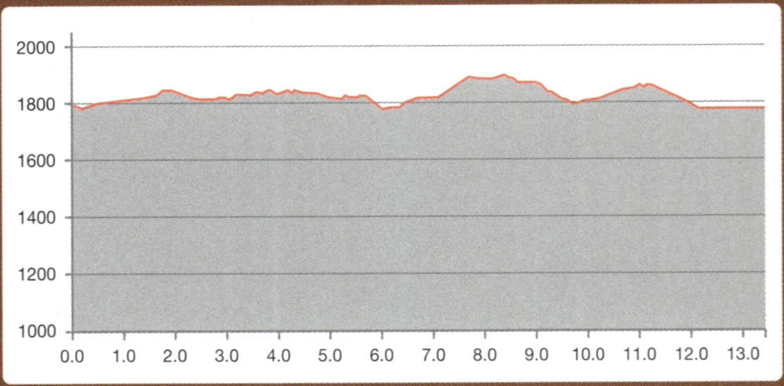

DE PONTRESINA À SAINT-MORITZ

Canton : GRISONS

LONGUEUR
13,5 km

DURÉE
3 h 30

MONTÉE/DESCENTE
350 m/365 m

ALTITUDE MIN/MAX
1769 m/1890 m

TECHNIQUEMENT
Facile

PHYSIQUEMENT
Facile

ÉTÉ INDIEN EN ENGADINE

LIVIA AVEC KAYA

Cet itinéraire est tout indiqué pour admirer un magnifique lever de soleil sur le lac de Staz. Mais pour cela, il faut démarrer tôt !

La randonnée commence à la gare de Pontresina. Le chemin est large et bien indiqué. Il apparaît clairement qu'il est emprunté tout au long de l'année par différentes catégories de visiteurs, y compris par des cyclistes. Mais en automne et tôt le matin, nous sommes tranquilles.

Pour autant, le lac de Staz est un endroit populaire pour les photographes et les influenceurs qui viennent y capturer le reflet du soleil levant. On y est rarement seul quand il fait beau.

Jusque-là, le chemin est aisément praticable avec une poussette. Depuis le lac de Staz, il est également possible de marcher jusqu'à Saint-Moritz (environ 1 h 15) et de revenir à Pontresina en train.

Mais, comme nous, vous pouvez aussi prolonger la randonnée. Nous marchons vers Saint-Moritz-Bad et continuons jusqu'aux lac Nair et lac Marsch. Un paysage de rêve où nous évoluons seuls ! Avec les couleurs chatoyantes et les reflets de la lumière sur l'eau, cette randonnée est vraiment exceptionnelle ! Au lac Marsch se trouvent de jolis endroits pour se reposer ainsi qu'une aire de grillade. Prévoyez du temps si vous souhaitez vous y arrêter.

Nous profitons du paysage et du calme avant de prendre le chemin du retour. Nous traversons la rivière puis la route, avant de poursuivre vers Champfère puis jusqu'à Saint-Moritz. Ce chemin également est déjà balisé pour l'hiver. Nous traversons la magnifique forêt de mélèzes en direction du lac de Saint-Moritz, qui scintille de temps à autre à travers les arbres.

Les derniers mètres s'effectuent devant les vitrines des ruelles de Saint-Moritz. Enfin, nous descendons vers la gare pour prendre le train qui nous ramène à Pontresina.

Un superbe parcours, très varié, qui présente pourtant un faible dénivelé !

BON À SAVOIR

- Les chiens doivent obligatoirement être tenus en laisse sur certains tronçons.
- Il faut traverser des routes.
- Pour plus d'informations : Pontresina Tourist Information, Via Maistra 133, 7504 Pontresina, +41 81 838 83 00, pontresina@engadin.ch, https://www.pontresina.ch

À PRÉVOIR

- De l'eau pour les bipèdes comme pour les quadrupèdes.
- De bonnes chaussures de marche.

PONTRESINA

Des pièces de monnaie retrouvées dans la région indiquent que Pontresina était déjà peuplé à l'âge du bronze. Ce village est mentionné pour la première fois dans les actes de la famille Gamertingen entre 1137 et 1139.

La signification exacte du nom de Pontresina n'est pas claire. Certains historiens le traduisent par « pont sarrasin » et y voient un lien avec l'invasion arabe de la Suisse au Xe siècle. D'autres pensent que Pontresina doit son nom à un pont dénommé « ponte sarasinae », du nom de Sarashin, son constructeur.

Sa situation sur le col de la Bernina a conféré à Pontresina une importance dont le village jouit encore aujourd'hui. Les échanges avec le Sud étaient déjà fondamentaux pour les agriculteurs locaux au Moyen Âge. Ils vivaient par ailleurs de l'élevage, de la chasse, de la pêche et de la culture des céréales. Plus tard, grâce aux mines d'argent de la Bernina, le village a bénéficié d'un passage plus important. Seuls quelques bâtiments témoignent encore de cette époque, Pontresina ayant été ravagé par un grand incendie au début du XVIIIe siècle. Le tourisme a commencé à prospérer après l'ouverture d'une première auberge en 1850. En 1871 a été créée l'Association des guides de montagne pour permettre aux touristes d'explorer la région. À l'été 1885, le village a accueilli quelque 2000 touristes. Pontresina a connu un nouvel essor en 1908 grâce à la construction de la ligne de la Bernina (Berninabahn), qui a ensuite fusionné avec les Chemins de fer rhétiques. Dû à son accessibilité, son air sain et vivifiant et la forte émergence de l'alpinisme, Pontresina s'est peu à peu mué en une destination classique de vacances, encore très appréciée aujourd'hui.

Bus Montagne Zoo

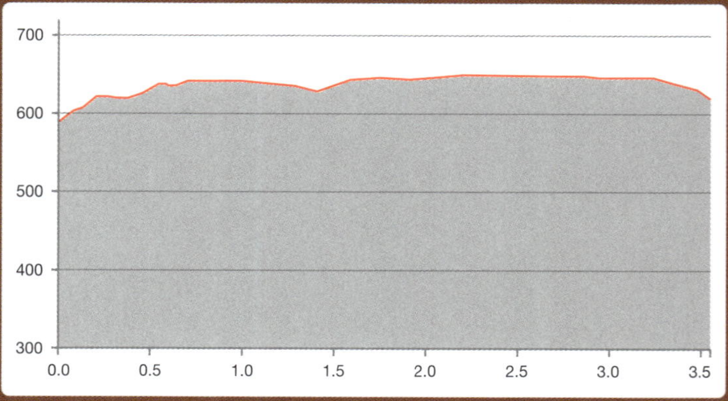

PROMENADE À ZURICH

Canton : ZURICH

LONGUEUR
3,5 km

DURÉE
1 h

MONTÉE/DESCENTE
84 m/49 m

ALTITUDE MIN/MAX
587 m/649 m

TECHNIQUEMENT
Facile

PHYSIQUEMENT
Facile

FESTIVAL DE COULEURS AU-DESSUS DES TOITS DE ZURICH

LIVIA ET THOMAS AVEC KAYA

On imagine difficilement pouvoir trouver dans une grande ville comme Zurich une balade aussi splendide et colorée. Et pourtant !

Nous stationnons notre voiture dans la zone bleue, près de l'arrêt de bus « Rigiblick ». C'est de là que part le chemin de randonnée officiellement balisé.

Après une rapide montée, nous atteignons un endroit où nous avons une vue imprenable sur la ville de Zurich. Vous y trouverez même des aires de grillade. En automne, il peut y avoir de la brume, mais les couleurs des arbres et le bruissement des feuilles à chaque pas confèrent une belle atmosphère mystique à cette promenade. La forêt de feuillus se montre encore sous ses plus beaux atours avant que tous les arbres ne concentrent leur énergie dans les racines et ne se retirent dans la somnolence hivernale.

Cette balade peut être prolongée ou raccourcie à volonté. De nombreux chemins mènent à travers la forêt ou sur le chemin panoramique, en passant par Adlisberg/Lorenchopf jusqu'à Paffhausen (comptez environ 2 h 30).

Notre itinéraire hors du temps nous fait passer devant le zoo de Zurich jusqu'à un petit étang où vivent des canards. Nous profitons du silence avant de retourner à notre point de départ.

Un formidable endroit pour se ressourcer !

BON À SAVOIR

- Les chiens doivent obligatoirement être tenus en laisse.
- Vous trouverez plusieurs aires de grillade.
- Pour plus d'informations : Zürich Tourismus Information, Zürich HB, 8001 Zürich, +41 44 215 40 00, info@zuerich.com, https://www.zuerich.com

À PRÉVOIR

- De l'eau ainsi qu'un repas pour les bipèdes comme pour les quadrupèdes.

LE HÉRISSON: UN ANIMAL UTILE QUI A BESOIN D'ÊTRE PROTÉGÉ

La nuit, le hérisson parcourt les jardins en quête de nourriture. Il se délecte de nombreux animaux nuisibles qui causent des soucis dans nos jardins. Le hérisson ne se contente pas de manger des escargots. Les insectes sont également à son menu, et il se régale aussi de fruits tombés des arbres ou de baies. Malheureusement, la population de hérissons est en train de fortement décliner. Il souffre de la hausse de mortalité des insectes, son habitat est souvent détruit, et il est également menacé par l'agriculture intensive et le changement climatique.

Voici quelques conseils pour offrir au hérisson une oasis de bien-être:

- Évitez d'utiliser des tondeuses robotisées, surtout la nuit, mais aussi en journée lorsque les mères hérissons et leurs petits se promènent dans le jardin.
- Renoncez à utiliser un aspirateur-souffleur ou une débroussailleuse. Si vous ne pouvez pas vous en passer, inspectez au préalable les tas de bois, de broussailles ou de feuilles et les haies pour vous assurer qu'aucun hérisson ne s'y trouve.
- Laissez des tas de feuilles et ne répandez pas d'anti-limaces. Le hérisson est utile à votre jardin. En vous abstenant d'utiliser des pesticides, vous le préservez et contribuez à la protection de l'environnement.
- Amassez les branchages coupés dans un coin tranquille du jardin. Si le tas devient trop important, retirez délicatement des branches une à une par le haut.
- Empilez des déchets de jardin (petites branches, déchets de taille d'arbustes) de manière à créer une petite grotte. Placez une planche de bois ou une tuile devant l'ouverture.

Le lieu d'hibernation d'un hérisson doit se situer à l'abri de la pluie et de la neige, mais également du soleil, car sinon, dès que le nid se réchauffe, le hérisson risque de se réveiller trop tôt et trouver trop peu de nourriture. Le blaireau, chasseur extrêmement habile, peut forcer n'importe quel abri s'il le veut. En revanche, contre les chiens et les renards, un abri d'hiver choisi ou fabriqué par l'homme constitue une bonne protection. Ensuite, tout dépend du budget, du savoir-faire, de la taille du jardin et aussi des goûts esthétiques. Que vous optiez pour une caisse en polystyrène ou un palace en bois, pour un dôme en béton de bois ou une maison en plastique, l'essentiel est que l'abri soit suffisamment grand, protégé et bien isolé.

P Parking — Gare — Bus

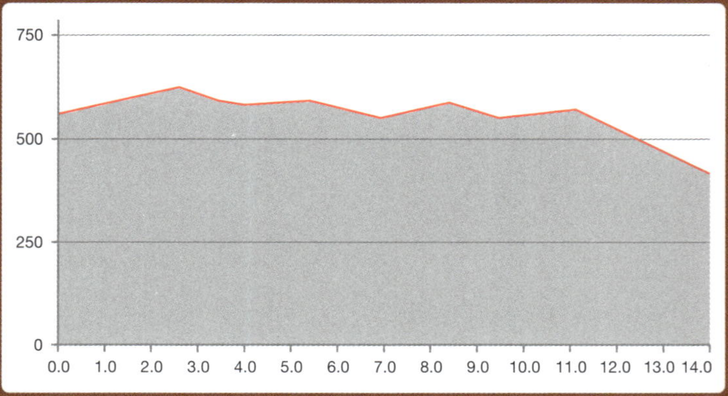

DANS LES VIGNOBLES

Canton : SCHAFFHOUSE

LONGUEUR
14 km

DURÉE
3 h 30

MONTÉE/DESCENTE
255 m/404 m

ALTITUDE MIN/MAX
407 m/619 m

TECHNIQUEMENT
Facile

PHYSIQUEMENT
Facile

CHEMIN PANORAMIQUE AU PAYS DU PINOT NOIR

LIVIA AVEC KAYA ET NATHALIE AVEC INDIRA

Matin d'automne

Le brouillard enveloppe maisons et collines
De son manteau opaque.
Il boit le son des matines
Et s'érige comme un mur.
Son étreinte se renforce,
De grosses gouttes glissent bientôt des arbres.
Nous sommes comme seuls au monde,
À peine entendons-nous nos pas.

Mais regarde ce ruban lumineux
Fendre le voile humide en deux
Libérant le matin la terre tranquille,
L'irradiant de sa lumière chaude.
Petit à petit le vignoble
Enfile sa parure dorée,
Et bientôt une belle journée
D'automne s'épanouit devant nos yeux.

Bertha Hallauer

Nous laissons notre voiture sur l'un des parkings gratuits de Siblingen, près de la Poste, où se trouve également l'arrêt « Am Stei ». Nous prenons le bus pour descendre à l'arrêt suivant « Siblingerhöhe », point de départ de cette randonnée panoramique.

Le long des champs fraîchement moissonnés et des prés fauchés, nous marchons sur un large chemin de gravier en direction de Trasadingen. Cela vaut la peine de démarrer cette randonnée tôt, car le moment où le soleil illumine lentement les champs est d'une beauté indescriptible.

De nombreux bancs sont à disposition des promeneurs le long du chemin. Nous faisons une pause peu après Hallau, juste à côté du chemin en haut de la colline et à l'ombre des arbres, car il commence à faire assez chaud. Veillez à emporter assez d'eau avec vous, car il n'y a aucun point de vente de boissons avant Trasadingen. Pour les pauses, il y a suffisamment d'aires de repos, équipées même de places de grillade, qui invitent à s'attarder.

Nous ne marchons qu'un court instant sur la route principale que nous partageons avec des motards et des cyclistes. Cet itinéraire est assez fréquenté, surtout le week-end ; il est donc préférable d'effectuer cette randonnée en semaine.

Arrivés à Trasadingen, nous nous rendons à la gare pour prendre le train jusqu'à Schaffhouse, où nous montons dans le bus qui nous ramènera à Siblingen (comptez environ 1 h de trajet au retour).

BON À SAVOIR

- Les chiens doivent obligatoirement être tenus en laisse.
- Il y a des aires de grillade à disposition.
- Pour plus d'informations : Zürich Tourismus Information, Zürich HB, 8001 Zürich, +41 44 215 40 00, info@zuerich.com, http://www.zuerich.com

À PRÉVOIR

- De l'eau ainsi qu'un repas pour les bipèdes comme pour les quadrupèdes.

JUS DE RAISIN MAISON POUR BIPÈDE

Cette recette ne convient pas aux chiens : les raisins peuvent être source d'intoxication chez nos amis quadrupèdes, et ce jus contient du sucre.

Il est préférable d'utiliser des raisins bio ou provenant de votre jardin, car les raisins issus de culture conventionnelle contiennent souvent beaucoup de pesticides. Contrairement au jus de raisin blanc, le jus de raisin rouge renferme de précieux antioxydants.

On peut extraire le jus de raisin à froid avec une centrifugeuse ou à chaud avec une centrifugeuse à vapeur. Dans le cas d'une extraction manuelle, les raisins sont broyés avant d'être bouillis dans une marmite puis filtrés à travers un linge.

Le jus de raisin pressé à froid ne se conserve pas longtemps et doit donc être bu rapidement. Vous pouvez le conserver plus longtemps si vous le chauffez pendant un court instant, mais la température doit rester inférieure à 100 °C.

PRÉPARATION

1. Lavez les raisins, mettez-les dans une casserole et couvrez-les d'eau.
2. Faites bouillir les raisins pendant 15 min, puis réduisez le mélange en purée à l'aide d'un mixeur plongeant.
3. Passez le mélange à travers un linge brut en vous aidant d'une cuillère en bois si nécessaire.
4. Faites bouillir le jus une nouvelle fois en ajoutant 100 g de sucre par litre.
5. Versez le jus de raisin chaud dans des bouteilles en verre et fermez-les hermétiquement.

4

HIVER

CONSIGNES IMPORTANTES POUR L'HIVER

Respecter la nature et le repos de la faune sauvage

Même si la tenue en laisse n'est pas toujours officiellement obligatoire selon le lieu, n'oubliez jamais ceci : rien qu'en poursuivant un animal sauvage, même si vous estimez qu'il n'attrapera rien, votre chien peut provoquer la mort de l'animal pourchassé dans d'atroces souffrances. C'est pourquoi il faut être particulièrement attentif, notamment dans et à proximité des forêts.

Règles de conduite

- **Respectez les zones de tranquillité et les sites de protection de la faune :** ils constituent des refuges pour la faune sauvage.
- **En forêt, restez sur les chemins et les routes indiqués :** les animaux sauvages peuvent ainsi s'habituer à la présence des humains.
- **Évitez les lisières de forêt et les zones sans neige :** ce sont les lieux de prédilection de la faune sauvage.
- **Tenez les chiens en laisse, surtout en forêt :** les animaux sauvages fuient devant des chiens en liberté. En hiver surtout, ce facteur de stress représente un danger, car les animaux ont adapté leurs réserves à la saison et pourraient être amenés à manquer d'énergie à cause d'une trop grande agitation.

Garder la forme

En hiver, la randonnée en raquettes est une activité idéale pour entraîner l'endurance, la force, l'agilité et le système cardiovasculaire et pour brûler une généreuse quantité de calories par la même occasion. Marcher en raquettes renforce toute la musculature et favorise l'équilibre. C'est bien plus fatigant que la simple randonnée, parce que marcher dans la neige consomme davantage d'énergie – environ 500 calories par heure à intensité moyenne. En outre, le risque d'accidents et de blessures est faible, et les articulations sont épargnées.

En hiver, la randonnée consomme 25 % d'énergie de plus qu'en été, et la randonnée en raquettes jusqu'à 50 % de plus.

Précautions pour les activités dans la neige

Avant votre excursion, consultez toujours le bulletin d'avalanches et prêtez attention aux pages locales des offices du tourisme. Ce n'est pas parce que d'autres sont déjà passés avant vous en s'exposant à un danger considérable que vous devez commettre la même erreur ! Par exemple, il est explicitement déconseillé de gravir le sommet du Flügenspitz, au-dessus d'Amden (canton de Saint-Gall) en hiver.

Checklist :

- **Équipement chien**
  Harnais bien ajusté (harnais en Y ou harnais de traction), friandises, suffisamment d'eau (tiède) pour la marche, serviette pour sécher et manteau pour chien pour les arrêts aux restaurants.

  Bon à savoir : pour les chiens à poils longs, pensez à bien couper la fourrure entre les orteils afin de prévenir la formation de glaçons et à graisser les coussinets avec une crème protectrice.
  Attention : si le chien mange de la neige, cela peut lui causer des troubles gastro-intestinaux.

- **Équipement humain**
  Vêtements respirants, coupe-vent et imperméables, bonnes chaussures de marche, crampons pour les surfaces verglacées, guêtres pour la neige profonde, ceinture abdominale ou ceinture pour les sports canins, laisse élastique (2 à 3 m), boisson chaude pour la marche, en-cas (barres énergétiques), protection solaire même si le temps est nuageux, cartes de la région.

- **Équipement de sécurité**
  DVA (Détecteur de victimes d'avalanche), pelle, sonde, lampe frontale, trousse de premiers secours incluant une couverture de survie.

  Dans chaque région, il existe de nombreux prestataires qui proposent des cours de formation neige et avalanches, même pour les débutants. Saisissez l'opportunité si vous passez beaucoup de temps dans la neige en hiver !

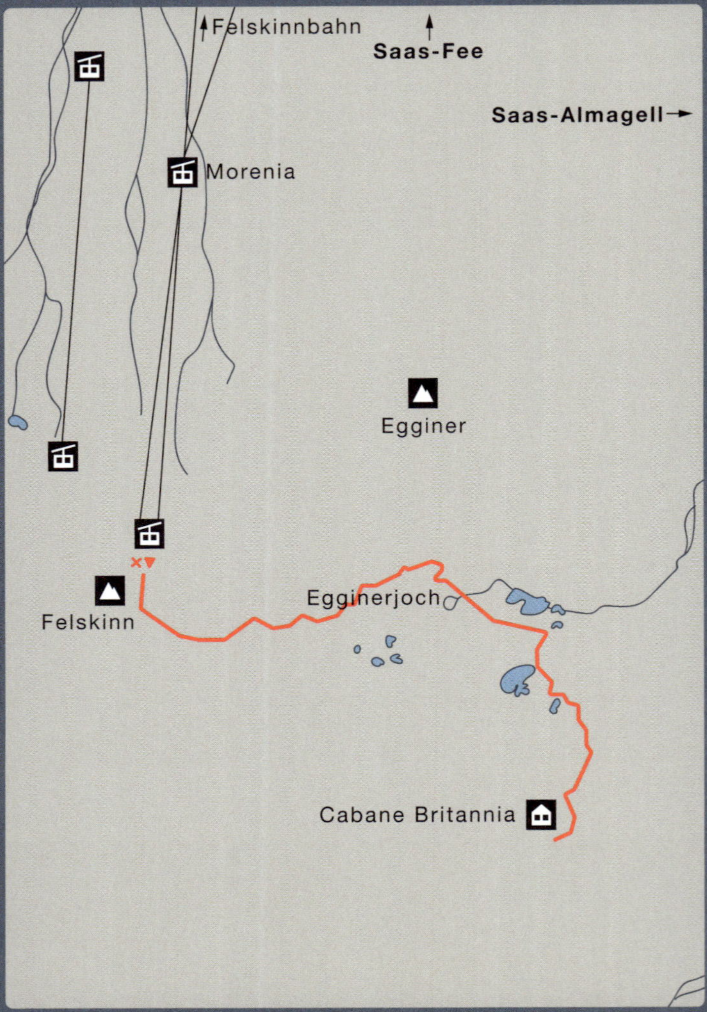

Felskinnbahn
Saas-Fee
Saas-Almagell
Morenia
Egginer
Felskinn
Egginerjoch
Cabane Britannia

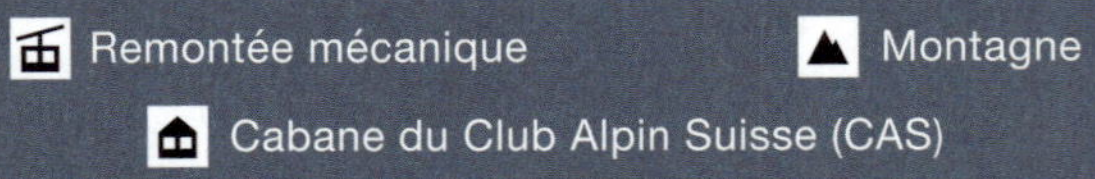

Remontée mécanique
Montagne
Cabane du Club Alpin Suisse (CAS)

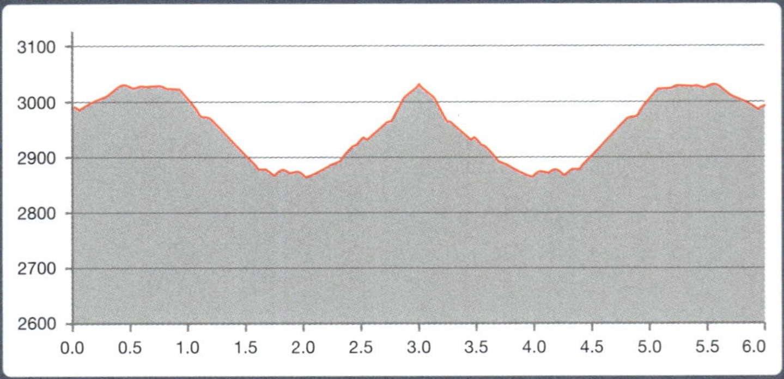

3100
3000
2900
2800
2700
2600
0.0
0.5
1.0
1.5
2.0
2.5
3.0
3.5
4.0
4.5
5.0
5.5
6.0

CABANE BRITANNIA

Canton : VALAIS

LONGUEUR
6 km

DURÉE
4 h 10

MONTÉE/ DESCENTE
420 m/420 m

ALTITUDE MIN/MAX
2989 m/3028 m

TECHNIQUEMENT
Moyen

PHYSIQUEMENT
Moyen

SUBLIME RANDONNÉE HIVERNALE PARMI LES GLACIERS

LIVIA ET THOMAS AVEC KAYA

Avec un peu d'endurance, une bonne préparation, des conditions météo optimales et suffisamment de temps, cette randonnée à 3000 m d'altitude est une expérience inoubliable !

Nous laissons notre voiture au parking payant de Saas-Fee et prenons la navette gratuite qui transporte les visiteurs jusqu'au téléphérique.

Nous amorçons notre périple par un premier trajet avec l'Alpin-Express (petite cabine) qui nous transporte à Morenia. Puis nous prenons un deuxième téléphérique vers Felskinn, où se situe le point de départ de cette randonnée.

Veillez à emporter des protections pour les pattes de votre chien, que vous utiliserez ou non selon les conditions météo.

L'itinéraire est parfaitement balisé (avec des poteaux roses). L'oxygène étant plus rare ici, nous abordons lentement la première montée. Mais avec un paysage aussi splendide, ce n'est vraiment pas un problème. Dans cette randonnée de haute altitude, nous sommes environnés par de somptueux glaciers !

Sur le haut plateau d'Egginerjoch, nous passons devant de petits lacs gelés. D'ici, il est déjà possible d'apercevoir la cabane Britannia, en haut à droite. Dans l'air raréfié, cette ascension de 150 m est à nouveau un peu laborieuse. Mais pas à pas, en gardant l'objectif en tête, nous y arrivons sans problème.

Notre départ matinal nous permet d'être parmi les premiers à profiter de cette vue exceptionnelle. Il y a un bar à chiens, et l'hébergement avec un chien est même possible sur demande. Nous nous offrons de délicieux röstis et une succulente tarte aux pommes avant de revenir par le même chemin.

Attention : la route n'est praticable et dégagée que lorsque la cabane Britannia est ouverte (la saison d'hiver débute en mars). En cas de doute, renseignez-vous auprès de la cabane la veille.

BON À SAVOIR

- À 3000 m d'altitude, l'oxygène est plus rare, et il est conseillé de marcher d'un pas lent.
- Il s'agit d'une randonnée en haute altitude.
- La sécurité avant tout : ne vous écartez pas de l'itinéraire indiqué.
- Pour plus d'informations : Saastal Tourismus AG, Obere Dorfstrasse 2, 3906 Saas-Fee, +41 27 958 18 58, info@saas-fee.ch, https://www.saas-fee.ch

À PRÉVOIR

- De bonnes chaussures de marche.
- Des booties, ou protégez les pattes de votre chien pour prévenir la formation de glaçons entre les coussinets.
- Un en-cas pour les bipèdes comme pour les quadrupèdes.
- Des bâtons de marche et des crampons.

POINT CULMINANT DE LA SUISSE

C'est en Valais que se trouve la plus haute montagne se situant entièrement sur le sol suisse, le Dom, qui culmine à 4545 m d'altitude. Après le Mont-Blanc et le Mont Rose (la Pointe Dufour, Nordend, Pointe Zumstein et Pointe Gnifetti font partie du massif du Mont Rose), le Dom est le troisième plus haut sommet des Alpes.

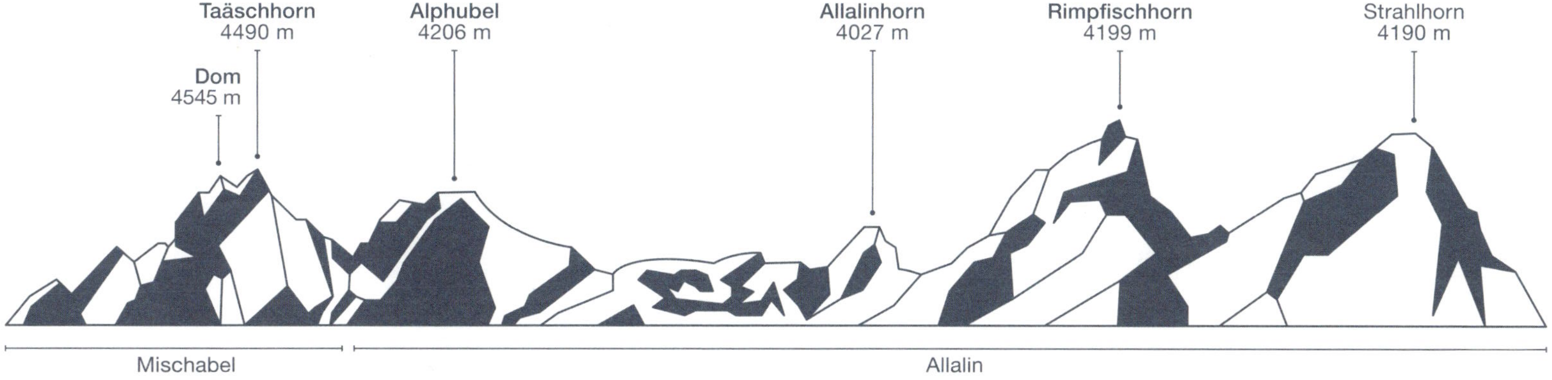

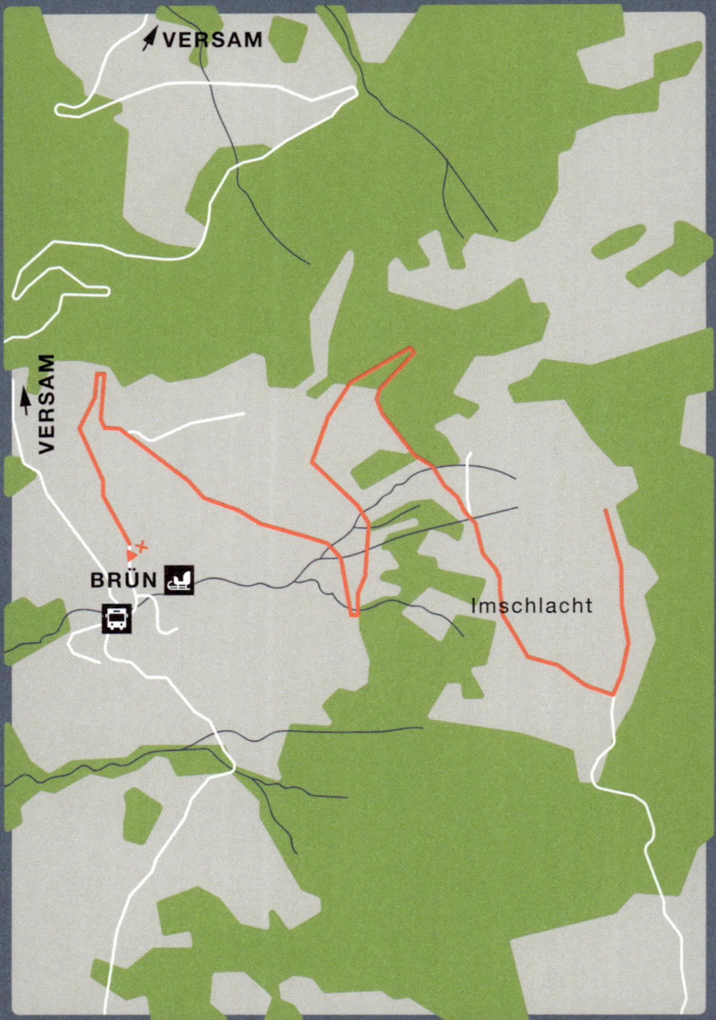

Bus
Piste de luge

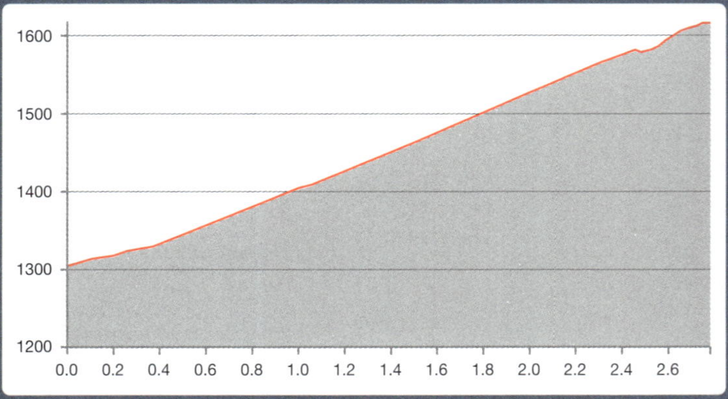

BALADE HIVERNALE DANS LE SAFIENTAL

Canton : GRISONS

LONGUEUR
3 km

DURÉE
1 h

MONTÉE/ DESCENTE
314 m/314 m

ALTITUDE MIN/MAX
1303 m/1615 m

TECHNIQUEMENT
Facile

PHYSIQUEMENT
Facile

PROFITER DE LA NATURE DANS LE PAISIBLE SAFIENTAL

LIVIA ET THOMAS AVEC KAYA

Cette randonnée de Brün (Valendas) jusqu'à l'alpage intermédiaire d'Imschlacht est une destination parfaite pour les amoureux de la nature et de l'hiver. Et il n'y a pas d'âge pour profiter des joies de la luge et de la belle surprise que constitue cette jolie balade !

Heureusement que notre voiture est équipée de quatre roues motrices, sinon, par ce rude hiver, nous n'aurions jamais pu parvenir à destination. Normalement, le parcours ne pose pas de problème, car des bus qui circulent régulièrement entre Versam et Brün sont à disposition des randonneurs et des skieurs.

Par beau temps, la vue est magnifique. Cependant, par mauvais temps, rien que le charme des chalets de Brün et l'ascension vers la piste de luge au milieu d'une nature recouverte d'un épais manteau de neige en valent la peine.

Cette randonnée d'une heure est facile et suit une route qui s'élève en pente douce. Elle est donc praticable pour tous les amateurs d'hiver. Ceux qui préfèrent les raquettes peuvent passer soit par Brün (environ 1 h), soit par Versam (environ 2 h).

Au « Schlittelbeizli », vous pourrez déguster de délicieux plats faits maison et reprendre des forces avant de dévaler la piste de luge longue de 3,5 km, en pente douce, qui vous ramène au point de départ. Sachez qu'il est possible de louer des luges.

Cet endroit doit être également une superbe destination en été, et nous y reviendrons certainement !

BON À SAVOIR

- Idéale pour tous les amoureux de l'hiver.
- Veillez à ce que votre chien fasse ses besoins avant de commencer la balade, car le seul Robidog est au point de départ.
- Pour plus d'informations : Safiental Tourismus / Schlittelbeiz, Brün 45, 7122 Valendas, Tél. +41 79 929 59 51, schlittelbeiz@bluewin.ch, https://schlittelbeiz.ch

À PRÉVOIR

- De bonnes chaussures de marche.
- Des booties, ou protégez les pattes de votre chien pour prévenir la formation de glaçons entre les coussinets.

CHOIX DU HARNAIS: À QUOI FAUT-IL FAIRE ATTENTION?

Le harnais doit être adapté à la taille du chien ainsi qu'à chacune de ses activités. Mais à quoi faut-il prêter attention en particulier ? En premier lieu, le harnais doit être adapté à la morphologie du chien et ne doit exercer de pression à aucun endroit (pas même au niveau des boucles). Il ne doit pas être trop étroit ni restreindre la liberté de mouvement du chien.

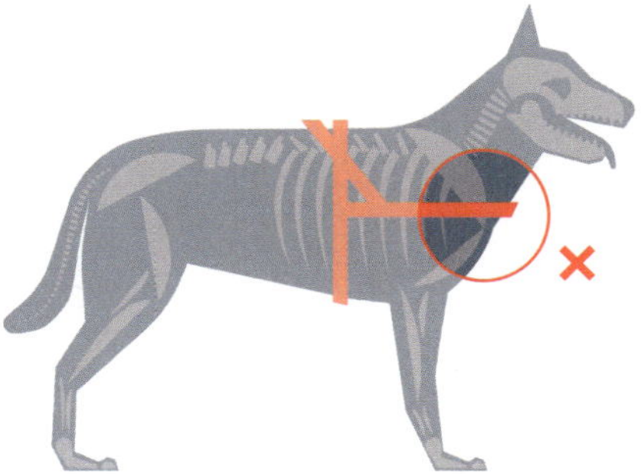

Malheureusement, de nombreux fabricants proposent des harnais qui reposent directement sur l'omoplate. Le harnais à sangle transversale entrave le mouvement physiologique et empêche le chien de se mouvoir correctement.

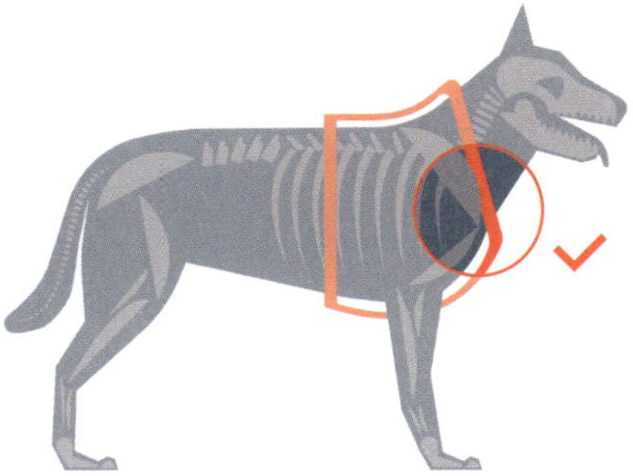

Le harnais doit être confortable et rester bien en place tout en ménageant une liberté articulaire. Les harnais ergonomiques préviennent les éventuels problèmes de cou ou d'épaule.

Pour les chiens craintifs, il existe des harnais anti-panique. Grâce à des sangles supplémentaires et une souplesse d'ajustement, ces harnais équipés d'un système anti-fugue sont fiables. Ils peuvent également être intéressants pour les chiens moins anxieux.

Enfin, il existe des harnais « double-back », conçus pour un usage professionnel ou pour vous aider dans des situations délicates. Ils s'utilisent par exemple en escalade pour effectuer des descentes en rappel avec son chien ou pour l'emmener en toute sécurité sur un télésiège. Renseignez-vous dans un magasin spécialisé.

Dans les activités sportives ou les sports de traction canins (par exemple, vélo, canicross ou scooter), veillez à ce que la laisse ou la longe soit placée plus en arrière. Afin d'être équipé le mieux possible en fonction de votre activité, faites-vous conseiller par un spécialiste.

P Parking — Point de vue — Croix de Châtel

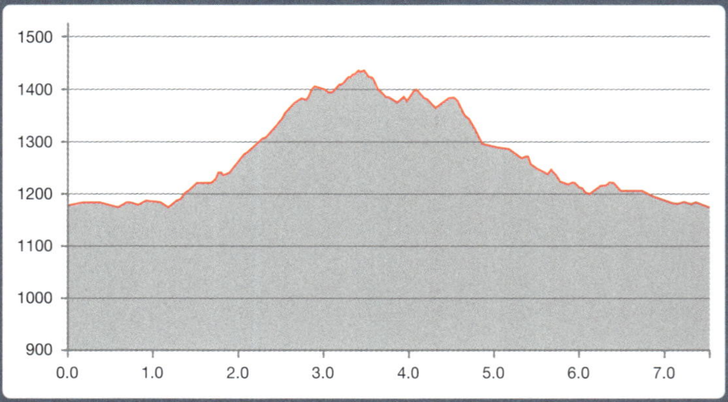

COL DU MOLLENDRUZ

Canton : VAUD

LONGUEUR
8 km

DURÉE
3 h 30

MONTÉE/DESCENTE
348 m/348 m

ALTITUDE MIN/MAX
1173 m/1432 m

TECHNIQUEMENT
Moyen

PHYSIQUEMENT
Moyen

RANDONNÉE EN RAQUETTES LE LONG DE LA VALLÉE DE JOUX

LIVIA ET THOMAS AVEC KAYA

Cette boucle est belle au soleil comme par temps de neige. C'est une formidable expérience hivernale dans tous les cas.

L'itinéraire est très bien balisé et part directement du parking du col du Mollendruz (magasin « Nordic Sport »). Nous repérons les panneaux roses pour ne pas nous retrouver sur la piste de ski de fond. Il y a en effet plusieurs possibilités. Le centre de cross-country est toujours bien fréquenté.

Les voix s'estompent derrière nous, et nous ne tardons pas à nous enfoncer dans une forêt d'épicéas fortement enneigée. Contents d'avoir pris nos raquettes, nous les chaussons dès la première ascension.

La vue sur la plaine est impressionnante, même lorsque la visibilité est réduite. Nous avons l'impression d'être dans un coin perdu au Canada.

Un peu en contrebas du sommet, nous prenons une collation à l'abri du vent dans une étable ouverte.

À partir de là, ce ne sont plus que quelques minutes d'ascension pour atteindre la Croix de Châtel, culminant à 1432 m d'altitude, d'où l'on peut admirer, par beau temps, de superbes paysages et profiter d'une vue imprenable sur le lac Léman et les Alpes. Cette atmosphère mystique sous une lumière un peu diffuse me plaît beaucoup, et je recommande volontiers ce parcours même si la visibilité est réduite.

Le retour s'effectue sur un chemin forestier qui rejoint le pâturage de Pré Magnin jusqu'au point de départ au col du Mollendruz.

Un circuit beau et varié qui peut aussi être raccourci de moitié (à la bifurcation derrière le pâturage de Pré de Joux, possibilité de rejoindre le pâturage de Pré Magnin pour retourner au col de Mollendruz).

BON À SAVOIR

- Les chiens doivent être tenus en laisse sur certains tronçons.
- Pour plus d'informations : Vallée de Joux Tourisme, Rue du Centre Sportif 1, 1347 Le Sentier, +41 21 845 17 77, info@valleedejoux.ch, https://www.valleedejoux.ch

À PRÉVOIR

- De bonnes chaussures de marche.
- Des booties, ou protégez les pattes de votre chien pour prévenir la formation de glaçons entre les coussinets.
- Un en-cas pour les humains comme pour les chiens.
- Des bâtons de marche et des crampons.
- Des raquettes éventuellement, en cas de neige fraîche.

TAPIS À RENIFLER

Il pleut à verse ? Le sol est tout détrempé ? La promenade a été raccourcie faute de temps ? Voici une alternative très appréciée pour passer le temps : le tapis à renifler.

Vous trouverez certainement tous les matériaux dont vous avez besoin chez vous, et si ce n'est pas le cas, les amis ou la famille seront sûrement heureux de vous aider.

Matériel nécessaire :

- **Base antidérapante**
  Un tapis d'évier en caoutchouc est largement suffisant. Si vous souhaitez un plus grand modèle, vous pouvez utiliser un tapis antidérapant de salle de bains.

- **Chutes de tissu**
  Les tapis à renifler sont souvent fabriqués en polaire. Si vous avez des couvertures en polaire qui traînent et dont vous n'avez plus besoin, elles feront parfaitement l'affaire. Vous pouvez sinon utiliser d'autres couvertures, des tee-shirts ou des serviettes en éponge.

- **Ciseaux**

AU TRAVAIL :

1. Découpez les chutes de tissu en bandelettes d'environ 2 à 3 cm de large et de 15 à 20 cm de long.

2. Si la base antidérapante est peu ou pas trouée, faites des trous de façon à obtenir un support ressemblant à un grillage.

3. Faites passer les chutes de tissu à travers les trous (gardez la même longueur des deux côtés) et attachez-les ensemble sur le dessus du tapis. Répétez ce processus jusqu'à ce que le tapis soit recouvert de chutes de tissu. Plus c'est dense, plus l'exercice sera difficile.

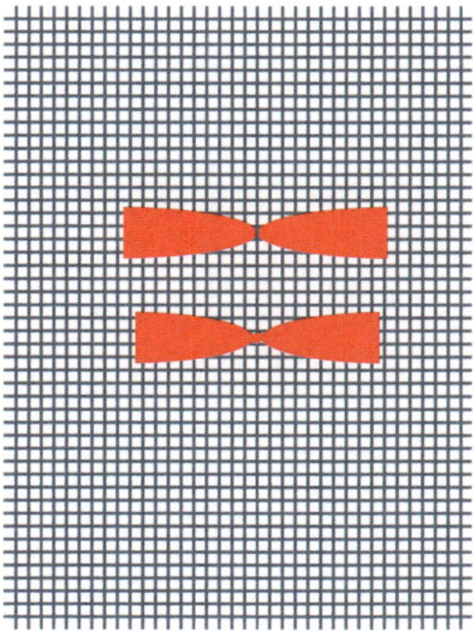

C'EST PARTI :

Cachez des friandises entre les bandes de tissu et laissez votre compagnon à quatre pattes les chercher. Ne le laissez pas seul afin de garder le contrôle de la situation et ne lui en demandez pas trop. Même quelques minutes de travail intensif avec son flair sont déjà épuisantes pour lui.

P Parking
Remontée mécanique
Restaurant

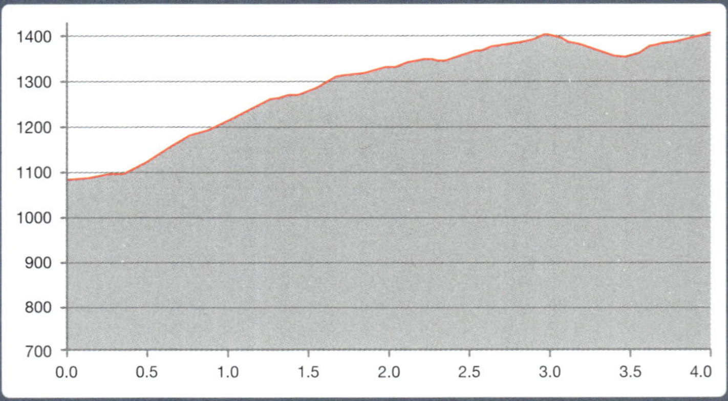

TRAIL RAQUETTES À IBERGEREGG

Canton : SCHWYTZ

LONGUEUR
4 km

DURÉE
1 h 40

MONTÉE/DESCENTE
380 m/50 m

ALTITUDE MIN/MAX
1084 m/1406 m

TECHNIQUEMENT
Moyen

PHYSIQUEMENT
Moyen

SUR DES SENTIERS HISTORIQUES

LIVIA ET THOMAS AVEC KAYA

Cette destination est parfaite si les prévisions météo annoncent un temps particulièrement hivernal. Certes, vous devrez vous passer du magnifique panorama, mais les chiens et les humains se feront certainement plaisir dans la neige abondante.

Nous laissons notre voiture au village de vacances d'Oberiberg, sur le parking payant du télésiège de Laucheren. Sur les premiers mètres, nous portons nos raquettes, car le chemin de randonnée part d'un peu plus haut, de l'autre côté du pont.

Maintenant, il va falloir gagner de l'altitude, et vu l'épaisseur de la couche de neige, les raquettes nous sont indispensables. Aujourd'hui, pour une fois, Kaya nous suit spontanément, sans que nous ayons à lui en donner l'ordre. Il ne lui a pas fallu longtemps pour comprendre qu'il était plus facile de marcher dans nos traces.

Nous profitons dès les premiers mètres de ce merveilleux paysage de montagne.

Immergés dans une ambiance mystique grâce au brouillard et à la poudreuse sous nos pieds, nous continuons à marcher vers Ibergeregg.

En temps normal, un restaurant est ouvert à Ibergeregg, mais aujourd'hui, il est fermé pour cause de pandémie. Dans de telles circonstances, il est toujours bon de prévoir un thermos de tisane.

La poudreuse nous donne l'impression de marcher sur des nuages. Au retour, nous avons le sentiment de voler.

Pour les adeptes de la raquette en bonne condition physique, nous recommandons dans la région la randonnée « Ober-Altberg » (Illgau, St. Karl, Illgau) d'environ 9 km et 5 h de marche.

HUILE DE MASSAGE CHAUFFANTE POUR BIPÈDES CONTRE LE GRAND FROID

Pendant les rudes journées d'hiver, notre peau est particulièrement exposée. Il existe plein d'excellentes recettes pour fabriquer une huile de massage naturelle bon marché qui protégera non seulement votre peau, mais vous réchauffera également grâce à ses précieux principes actifs.

Il y a le choix parmi un grand nombre d'herbes bénéfiques. Une huile de piment convient, par exemple, parfaitement pour les jours de grand froid (le piment stimule la circulation et réchauffe) :

INGRÉDIENTS

- 100 ml d'huile d'olive
- 1 cc de gingembre frais bio
- ½ bâton de cannelle
- 5 clous de girofle
- 1 pincée de flocons de piment séché (ou de piment frais)

PRÉPARATION

1. Hachez le gingembre frais, y compris l'écorce.
2. Cassez le demi-bâton de cannelle.
3. Mélangez dans l'huile d'olive le gingembre haché avec le demi-bâton de cannelle brisé, les clous de girofle et la pincée de flocons de piment. Versez ce mélange dans un récipient résistant à la chaleur (par exemple un pot de confiture) et laissez infuser au bain-marie (sans faire bouillir) pendant environ 2 h. Remuez régulièrement. Filtrez ensuite ce mélange d'huile aux épices à travers une passoire et transvasez-le dans une petite bouteille sombre. Et voilà !

Il suffit de faire pénétrer l'huile en massant doucement les mains et les pieds froids, ce qui engendre aussitôt une agréable sensation de chaleur. Cette huile se conserve pendant environ 6 mois à température ambiante et dans une bouteille sombre.

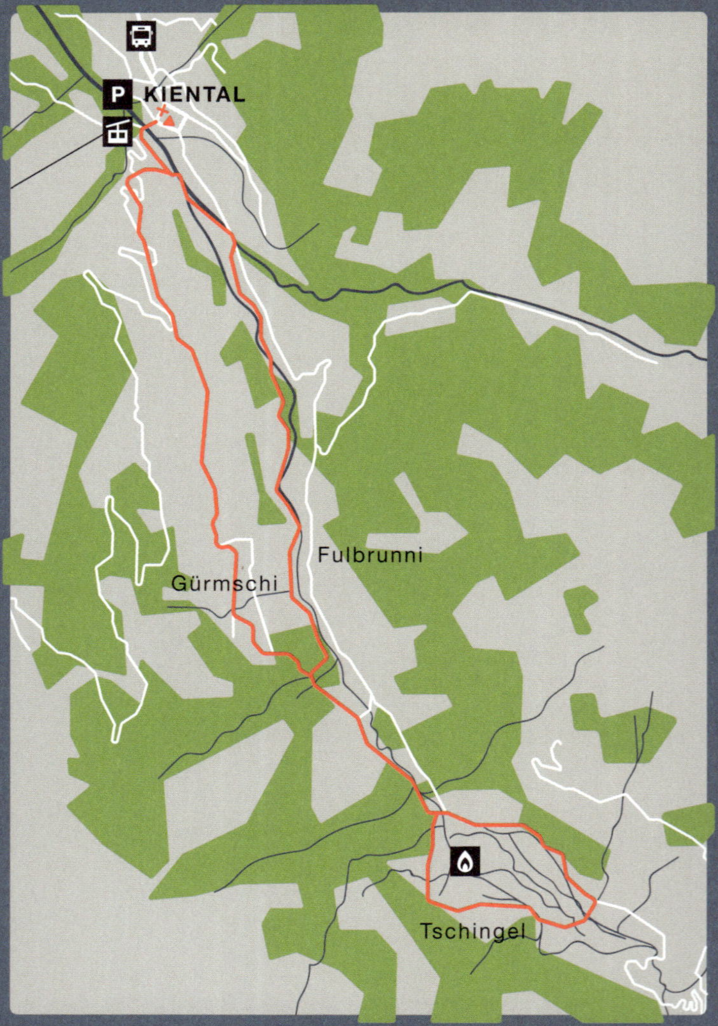

P Parking
Bus
Chemin des lanternes
Remontée mécanique

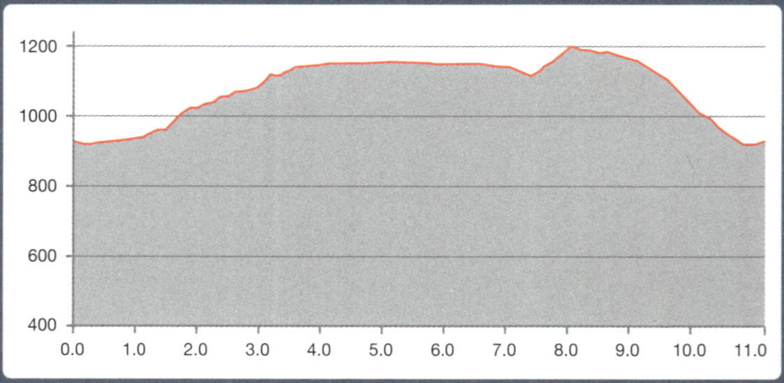

KIENTAL

Canton : BERNE

LONGUEUR
11 km

DURÉE
5 h

MONTÉE/DESCENTE
420 m/420 m

ALTITUDE MIN/MAX
927 m/1200 m

TECHNIQUEMENT
Moyen

PHYSIQUEMENT
Difficile

POUR LES CHIENS RÉSISTANTS AU FROID

LIVIA ET THOMAS AVEC KAYA

Pour cette randonnée hivernale, nous vous recommandons des booties pour protéger les pattes de votre chien. C'est bien emmitouflés que nous commençons notre parcours depuis le parking de la station inférieure de Kiental. Nous grimpons en suivant le trajet du télésiège jusqu'à Lengschwendi. Sur le versant ensoleillé, nous traversons des prairies enneigées et continuons vers Gürmschi, avant d'amorcer la descente en forêt jusqu'à Zällergrabe/Fulbrunni.

À l'ombre, même s'il fait beau, il peut faire un froid glacial. Mais le paysage de glace de la région de Tschingel, qui comprend le « Laternliweg » (chemin des lanternes), vaut vraiment le détour. Le « Laternliweg » est illuminé entre décembre et février. Attention, à cette époque-là, vous trouverez difficilement de la place au parking du départ. Néanmoins, c'est une balade sensationnelle juste avant ou au moment de Noël.

Nous faisons le tour du lac et retournons à Zällergrabe/Fulbrunni par le même chemin. Enfin, nous suivons l'itinéraire bleu qui nous ramène à notre point de départ.

BON À SAVOIR

- Les chiens doivent obligatoirement être tenus en laisse.
- Pour plus d'informations : Centre touristique de Kiental, Griesalpstrasse 46, 3723 Kiental, +41 33 676 10 10, kiental@be-welcome.ch, https://www.kiental-reichenbach.ch

À PRÉVOIR

- De bonnes chaussures de marche.
- Des booties, ou protégez les pattes de votre chien pour prévenir la formation de glaçons entre les coussinets.
- Un en-cas pour les bipèdes comme pour les quadrupèdes.
- Des bâtons de randonnée et des crampons.
- Des raquettes éventuellement, en cas de neige fraîche.

LANTERNE EN BOÎTE DE CONSERVE

MATÉRIAUX

- boîtes de conserve vides (une par lanterne)
- supports de bougie à réchaud (un par lanterne)
- clous et marteau
- torchon de cuisine
- pinceau
- peinture acrylique (couleur de votre choix)
- bougies à réchaud
- colle
- rubans pour suspendre

PRÉPARATION

1. Retirez les étiquettes de la boîte vide, lavez-la soigneusement à l'eau chaude et laissez-la bien sécher.

2. Remplissez-la d'eau froide et mettez-la au congélateur.

3. Lorsque l'eau est gelée, sortez la boîte du congélateur : elle est prête à être transformée. Grâce à la glace qu'elle contient, vous pouvez percer des trous à l'aide d'un marteau et de clous, elle ne se déformera pas trop.

4. Placez la boîte sur un torchon et sur une surface stable. Percez avec précaution (pas besoin de frapper fort) de petits trous dans la paroi à l'aide d'un long clou. Percez également deux petits trous opposés l'un à l'autre en haut de la boîte pour pouvoir suspendre la lanterne.

5. Lorsque le motif créé avec vos trous vous satisfait, vous pouvez retirer la glace de la boîte, ce qui est très facile pour peu qu'elle soit déjà décongelée. Séchez soigneusement la boîte.

6. Libre à vous de la peindre comme vous le souhaitez, intérieur et/ou extérieur – cela produit de superbes effets dans l'obscurité ! Laissez bien sécher la peinture.

7. Pour finir, collez un support de bougie à réchaud au fond de la lanterne.

8. Faites passer les deux extrémités d'un ruban dans les deux trous opposés du haut de la boîte et nouez-les de façon que le ruban soit bien fixé. Et voilà, votre lanterne en boîte de conserve est prête à être accrochée !

P Parking Gare Rindenhüttli

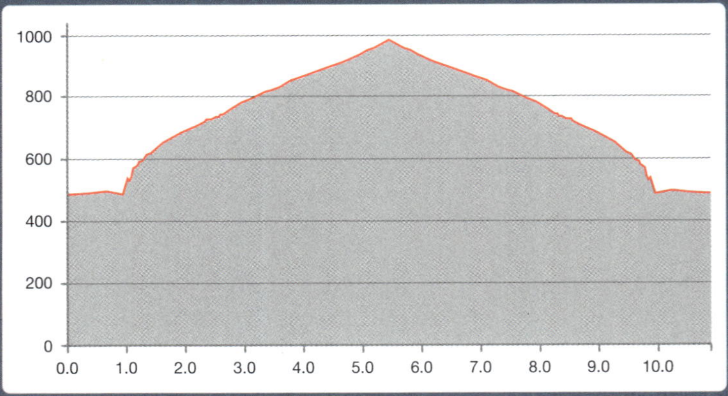

GORGES DE LA PETITE MELCHAA

Canton : OBWALD

LONGUEUR
11 km

DURÉE
4 h 10

MONTÉE/DESCENTE
508 m/508 m

ALTITUDE MIN/MAX
484 m/975 m

TECHNIQUEMENT
Moyen

PHYSIQUEMENT
Moyen

DÉCOR FÉERIQUE PAR UN FROID PIQUANT

LIVIA ET THOMAS AVEC KAYA

Il vous faudra un peu de chance avec la météo pour profiter de ce spectacle naturel qui ne se manifeste qu'après plusieurs jours et nuits de températures négatives. Pour ne pas vous déplacer inutilement, n'hésitez pas à vous renseigner au préalable auprès de l'office du tourisme local.

Bien qu'il ne fasse vraiment froid que depuis quelques jours, nous décidons quand même de tenter notre chance. Aujourd'hui encore il nous faut démarrer tôt, car dès que le temps se réchauffe, les stalactites fondent et tombent sur le chemin.

Cette randonnée débute à Giswil, où nous trouvons un parking gratuit à côté de la gare. Quelques mètres seulement après le pont qui enjambe l'autoroute commence une montée assez raide dans la forêt. Cet itinéraire est également très apprécié par les familles car il se prête bien à la pratique de la luge. Par conséquent, attention au trafic en sens inverse !

À partir de Melchboden, le chemin suit les gorges sinueuses en s'élevant petit à petit. Plus nous gagnons en altitude et plus les stalactites sont nombreuses. Il est possible de faire une pause à de nombreux endroits tout au long du parcours. Il y a même des cabanes avec des places de grillade invitant à s'attarder. En passant par Bettlernest, Dom, Giswiler Hüttli, Lochcheller, Tuffgräben et Lengbrügg jusqu'à Rindenhüttli, notre objectif, nous traversons des ponts, franchissons d'étroits passages encadrés de hautes falaises et n'en finissons pas d'être subjugués par le fabuleux spectacle naturel de ces imposantes sculptures de glace. Si suffisamment de randonneurs sont passés avant, le chemin est praticable sans raquettes. Nous devons seulement les chausser pour le dernier tronçon jusqu'au Rindenhüttli, où la neige est profonde. Notre objectif atteint, nous faisons une pause pour siroter notre tisane chaude avant de retourner à notre point de départ par le même chemin.

La vallée de la Melchaa se prête également à une belle excursion avec un chien en été !

BON À SAVOIR

- Les chiens doivent obligatoirement être tenus en laisse.
- Ce chemin n'est pas sécurisé contre les dangers tels que la chute de stalactites. Vous l'empruntez à vos risques et périls !
- Il est préférable de démarrer tôt (avant le dégel).
- Cette randonnée ne convient pas aux personnes ayant des problèmes de genoux.
- Pour plus d'informations : Obwalden Tourismus, Bahnhofplatz 1, 6060 Sarnen, +41 41 666 50 40, info@obwalden-tourismus.ch, https://www.obwalden-tourismus.ch

À PRÉVOIR

- De bonnes chaussures de marche.
- Des booties, ou protégez les pattes de votre chien pour prévenir la formation de glaçons entre les coussinets.
- Un en-cas pour les bipèdes comme pour les quadrupèdes.
- Des bâtons de marche et des crampons.
- Des raquettes éventuellement, en cas de neige fraîche.

SOUPE AU POULET POUR HUMAINS ET CHIENS

Les jours de grand froid, il est important d'emporter quelque chose de chaud. La tisane est une bonne option, mais nous prévoyons cette fois-ci une soupe reconstituante que Kaya engloutit volontiers.

Notre soupe à emporter préférée est composée de poulet, de fenouil, de carottes et d'un peu de persil. Elle est également très appréciée lorsqu'on est malade.

INGRÉDIENTS

- 1 poulet bio entier
- 3-4 carottes
- 1 fenouil
- Un peu de persil

PRÉPARATION

1. Déposez le poulet (préalablement rincé) dans une grande marmite avec de l'eau et ajoutez les carottes et le fenouil hachés.
2. Faites mijoter à feu doux pendant une heure et demie environ.
3. Détachez ensuite la viande des os (ne les donnez pas au chien !) et retirez la peau du poulet.
4. Transvasez le liquide avec la viande et les légumes dans un thermos (vous pouvez vous en procurer pratiquement partout) et ajoutez un peu de persil (en règle générale : 1 cc pour un grand chien, 1 pincée pour un petit chien). Et voilà, notre soupe est prête !

Pour ajuster l'assaisonnement de notre soupe avant de la manger, comme le sel est dangereux pour les chiens, nous emportons pour nous un petit mélange d'épices.

Nous prévoyons une gamelle pliante pour Kaya (ne donner que de la soupe tiède et non chaude) et nous-mêmes dégustons notre soupe dans le couvercle du thermos.

Attention : il est important de connaître les intolérances de son chien. Le persil renforce le système immunitaire et contient de bonnes vitamines A et C, mais il peut également provoquer de rares réactions allergiques. Ne donnez pas de persil aux chiennes enceintes.

Si vous préférez préparer cette soupe sans viande, mettez davantage de légumes (du potiron, par exemple) et ajoutez un petit peu de bouillon (bio, sans additifs et sans sucre) pour la faire mijoter.

Montagne Point de vue

LÜ, EN ENGADINE

Canton : GRISONS

LONGUEUR
6 km

DURÉE
1 h 50

MONTÉE/DESCENTE
83 m/363 m

ALTITUDE MIN/MAX
1927 m/2259 m

TECHNIQUEMENT
Facile

PHYSIQUEMENT
Facile

LA NEIGE ET LES ÉTOILES

LIVIA AVEC KAYA ET NATHALIE AVEC INDIRA

Le Val Müstair mérite absolument que l'on y passe au moins une nuit, en particulier dans le petit village de Lü qui est considéré comme un endroit idéal pour observer les étoiles, notamment en raison de l'absence de pollution lumineuse.

Une navette depuis Lü nous conduit directement à la station inférieure de Minschuns d'où part le chemin d'altitude. Minschuns est un petit domaine skiable apprécié surtout par les familles car il ne compte que quatre remontées mécaniques.

Le chemin de randonnée nous fait tout d'abord traverser un petit bout de forêt avant de longer la piste de ski, qu'il faut franchir juste avant Alp da Munt (2213 m). Là se trouvent déjà de magnifiques endroits pour s'asseoir et profiter du splendide panorama au soleil.

Puis il continue à serpenter jusqu'au Lai da Juata, à 2230 m d'altitude. Nous nous arrêtons à plusieurs reprises pour profiter du panorama sur le Val Müstair et les Alpes. Depuis l'Alpsee, le sentier traverse des forêts d'aroles avant d'atteindre le village de Lü, notre destination du jour.

S'il n'y a pas de nuages, cela vaut la peine de passer la nuit à Lü pour contempler le splendide ciel étoilé.

BON À SAVOIR

- Respectez les zones de tranquillité de la faune sauvage et ne vous écartez pas de l'itinéraire balisé.
- Les chiens doivent obligatoirement être tenus en laisse.
- Pour plus d'informations : Gäste-Information Val Müstair, Plaun Grond 24J, 7532 Tschierv, +41 81 861 88 40, info@val-muestair.ch, https://www.val-muestair.ch/en

À PRÉVOIR

- Des booties, ou protégez les pattes de votre chien pour prévenir la formation de glaçons entre les coussinets.
- Un en-cas pour les bipèdes comme pour les quadrupèdes.

ÉVALUER LE RISQUE D'AVALANCHE: LA MÉTHODE DU BÂTON DE SKI

Vous obtiendrez plus d'informations et de détails en consultant le SLF (Bulletin d'avalanches et situation nivologique). Les explications ci-dessous ne fournissent que des connaissances de base et des informations générales.

Avant même d'entreprendre une randonnée dans la neige, nous vérifions la météo générale et le risque d'avalanches en consultant le Bulletin suisse des avalanches (www.slf.ch). Ce n'est qu'après avoir examiné les conditions locales que nous pouvons envisager notre parcours.

Lorsqu'on se trouve dans une pente et qu'il y a un danger potentiel, la règle de base suivante s'applique : un risque d'avalanche ou de glissement de plaques de neige existe lorsque l'inclinaison de la pente est d'au moins 30 degrés. Mais comment estimer le degré de déclivité sans instruments électroniques ?

MÉTHODE:

1. Je prends mon premier bâton de ski et le tiens à l'horizontale, la pointe en direction de la pente.

2. Je tiens mon deuxième bâton perpendiculairement à la pente, de sorte que la pointe touche le sol et la poignée touche le manche du premier bâton à angle droit.

3. Si les deux poignées se touchent, la déclivité est d'environ 45 degrés, ce qui signifie un danger potentiel (Fig. 1).

   Si la poignée du bâton horizontal touche le centre du deuxième bâton tenu verticalement, la déclivité est d'environ 27 degrés, il n'y a donc pas de danger (Fig. 2).

   Si la poignée du bâton horizontal touche le deuxième bâton aux deux tiers de sa longueur à partir de la pointe, la déclivité est d'environ 35 degrés, ce qui signifie un danger potentiel (Fig. 3).

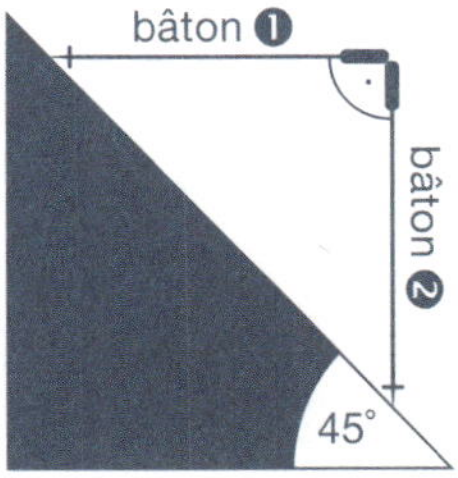

Fig. 1

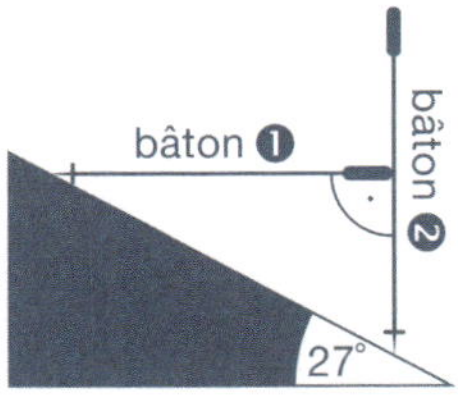

Fig. 2

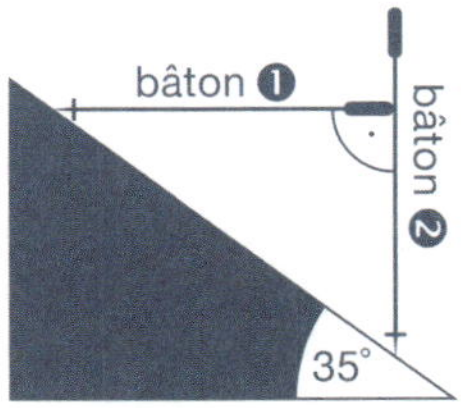

Fig. 3

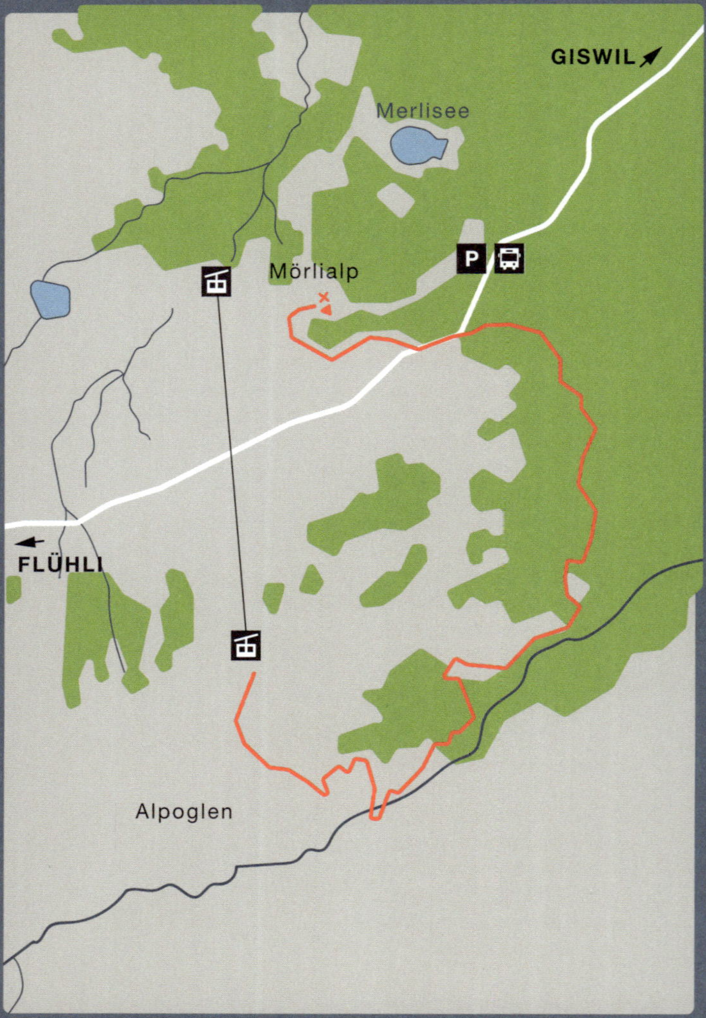

P Parking | Bus | Remontée mécanique

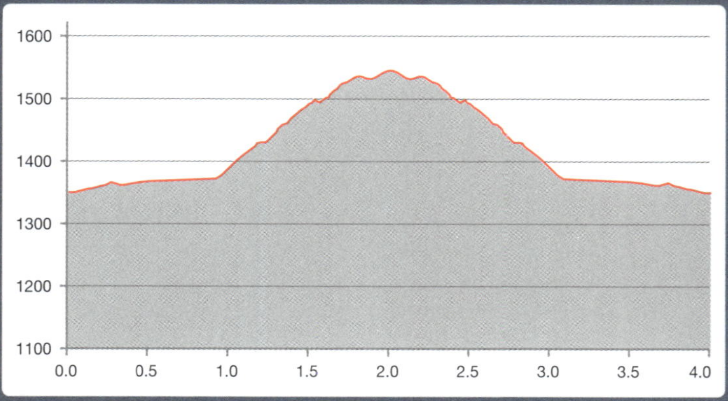

TRAIL DE MÖRLIALP

Canton : OBWALD

LONGUEUR
4 km

DURÉE
2 h 10

MONTÉE/DESCENTE
260 m/260 m

ALTITUDE MIN/MAX
1351 m/1564 m

TECHNIQUEMENT
Facile

PHYSIQUEMENT
Facile

PETITE RANDO RAQUETTES AVEC VUE SUBLIME

LIVIA ET THOMAS AVEC KAYA

Que ce soit en luge, à ski, à pied, à ski de fond ou en raquettes, Mörlialp, près de Giswil, garantit une belle expérience de randonnée pour toute la famille. L'itinéraire en raquettes « Alpoglen Trail » est également intéressant à faire avec un chien.

Nous stationnons notre voiture sur une place de parking gratuite, non loin de l'arrêt de bus Mörlialp. Il existe également une navette depuis Giswil. Même en hiver, il vaut mieux partir tôt pour pouvoir profiter du silence de la nature.

Depuis le parking, nous suivons directement l'itinéraire balisé pour les raquettes, tout d'abord à la lisière, ensuite à travers la forêt de sapins. Nous sommes subjugués par le paysage hivernal.

Au bout de 30 min environ, nous quittons la forêt et cheminons en terrain découvert, où nous sommes émerveillés par la vue sur le lac de Sarnen. Peu après, nous apercevons notre destination au loin : l'alpage d'Alpoglen. Nous y faisons une halte pour nous reposer et nous restaurer avant de prendre le chemin du retour.

Le chemin a beau être le même, nous ne nous lassons pas d'observer les tourbillons de poudreuse et d'entendre la neige fraîche crisser à chacun de nos pas. Pour ceux qui le souhaitent, il est possible de prendre le télésiège.

Ravis par cette belle excursion, nous revenons au parking de notre point de départ, qui s'est entre-temps bien rempli. C'est assurément une destination populaire !

BON À SAVOIR

- Respectez les zones de tranquillité de la faune sauvage et ne vous écartez pas de l'itinéraire balisé.
- Les chiens doivent obligatoirement être tenus en laisse.
- Pour plus d'informations : Giswil-Mörlialp Tourismus, Bahnhofplatz 1, 6074 Giswil, +41 41 675 17 60, info@giswil-tourismus.ch, https://www.giswil-tourismus.ch

À PRÉVOIR

- Des booties, ou protégez les pattes de votre chien pour prévenir la formation de glaçons entre les coussinets.
- Un en-cas pour les bipèdes comme pour les quadrupèdes.

COMMENT ÉVALUER CORRECTEMENT LE MANTEAU NEIGEUX

Vous obtiendrez plus d'informations et de détails en consultant le SLF (Bulletin d'avalanches et situation nivologique). Les explications ci-dessous ne fournissent que des connaissances de base et des informations générales.

S'il y a un risque d'avalanches, il peut être utile d'évaluer la stabilité du manteau neigeux après avoir estimé la déclivité de la pente. Pour cela, il est nécessaire de creuser un trou jusqu'au sol ou, si cela n'est pas possible, jusqu'à une profondeur d'au moins 1 à 1,5 m.

Si une couche de neige compacte recouvre une couche de neige fragile qui ressemble à du sable, cela favorise le glissement de plaques ou le déclenchement d'avalanches. Afin de déterminer leur consistance, faites glisser votre doigt sur les couches de haut en bas. Si votre doigt s'enfonce dans la neige, c'est le signe d'une couche instable. Une couche de neige compacte offre plus de résistance.

P Parking
Hôtel
Point de vue
Restaurant
Montagne
Aire de grillade
Grotte

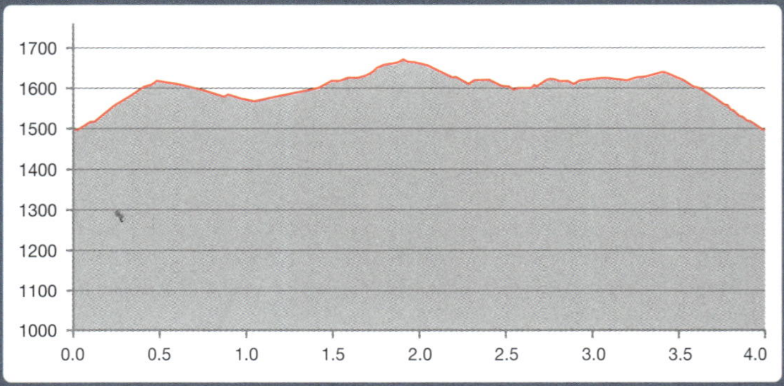

TRAIL PANORAMIQUE DE SCHWARZENBÜHL

Canton : BERNE

LONGUEUR
4 km

DURÉE
2 h 30

MONTÉE/DESCENTE
280 m/280 m

ALTITUDE MIN/MAX
1492 m/1665 m

TECHNIQUEMENT
Moyen*

PHYSIQUEMENT
Moyen

* déconseillé aux débutants en raison des pentes abruptes difficiles en raquettes

EMPREINTES D'ANIMAUX DANS LA NEIGE

LIVIA ET THOMAS AVEC KAYA

Nous partons du parking payant se situant environ 30 m en contrebas de l'hôtel-restaurant de Schwarzenbühl. La première demi-heure (estimation en raquettes), le chemin s'élève de 120 m. Ce tronçon n'est pas conseillé aux débutants, d'autant plus qu'il faudra le descendre au retour.

Le sens dans lequel vous effectuez ce parcours importe peu. Dans les deux cas, le panorama est inoubliable !

Partant vers la gauche, nous amorçons une légère descente. Le chemin semble assez fréquenté, comme en témoignent les traces de pas du week-end précédent. Même s'il y a moins de neige aujourd'hui, nous nous réjouissons d'avoir pris nos raquettes.

Près d'Egg, nous décidons de gravir la Pfyffe avant de nous autoriser une première pause panoramique. Ici, vous pouvez choisir de revenir vers Schwarzenbühl. La balade ne dure alors qu'une heure.

Sur la crête, nous descendons vers Cheesere, où même en hiver, une place de feu bien équipée (avec du bois) invite à s'attarder.

Option : de là, un chemin bordé de nains en bois mène à la grotte de Cheesere (Cheeserehöhli). La visite de cette grotte est à vos risques et périls et ne convient qu'aux personnes ayant le pied sûr. Les chiens doivent être tenus en laisse (afin de protéger la faune).

Enfin, il est temps de rentrer. Entourés par les montagnes, nous empruntons le chemin parfaitement balisé pour retourner à Schwarzenbühl. La descente est assez raide sur la fin, et ce passage est délicat si votre chien tire fort sur la laisse. Nous nous en sortons avec Kaya en lui ordonnant de rester « derrière » (mais attention aux pointes des raquettes).

Cette merveilleuse randonnée en raquettes restera pour nous une aventure mémorable.

Renseignements généraux issus du bureau d'information touristique :

Les chiens doivent être tenus en laisse du 1er décembre au 30 juin. En outre, du 1er décembre au 31 mars, dans les zones de protection de la faune sauvage, il est interdit de marcher ou de circuler en dehors des chemins et des routes balisés. Les sports d'hiver pratiqués en dehors des itinéraires d'hiver balisés sont interdits pendant cette période.

La grotte de Cheesere n'est pas fermée en hiver, mais prenez garde à rester sur les itinéraires balisés.

BON À SAVOIR

- Il y a plusieurs aires de grillade sur place.
- Respectez les zones de tranquillité de la faune sauvage et ne vous écartez pas de l'itinéraire balisé.
- Les chiens doivent obligatoirement être tenus en laisse, car, s'ils sont laissés en liberté, ils font fuir les animaux sauvages.
- S'il y a peu de neige et que vous vous passez de raquettes, il est recommandé de porter des crampons.
- Pour plus d'informations : Naturpark Gantrisch, Schlossgasse 13, 3150 Schwarzenburg, +41 31 808 00 20, info@gantrisch.ch, https://www.gantrisch.ch

À PRÉVOIR

- Une lampe torche peut s'avérer utile dans la grotte.
- Un en-cas pour les bipèdes comme pour les quadrupèdes.
- De l'eau pour les bipèdes comme pour les quadrupèdes.

TRACES DANS LA NEIGE

De nombreux livres et applications vous aideront à reconnaître les traces laissées par les animaux. Selon sa manière de se déplacer, les empreintes d'un même animal peuvent être d'apparence très variable. Voici celles des principaux animaux endémiques de la région :

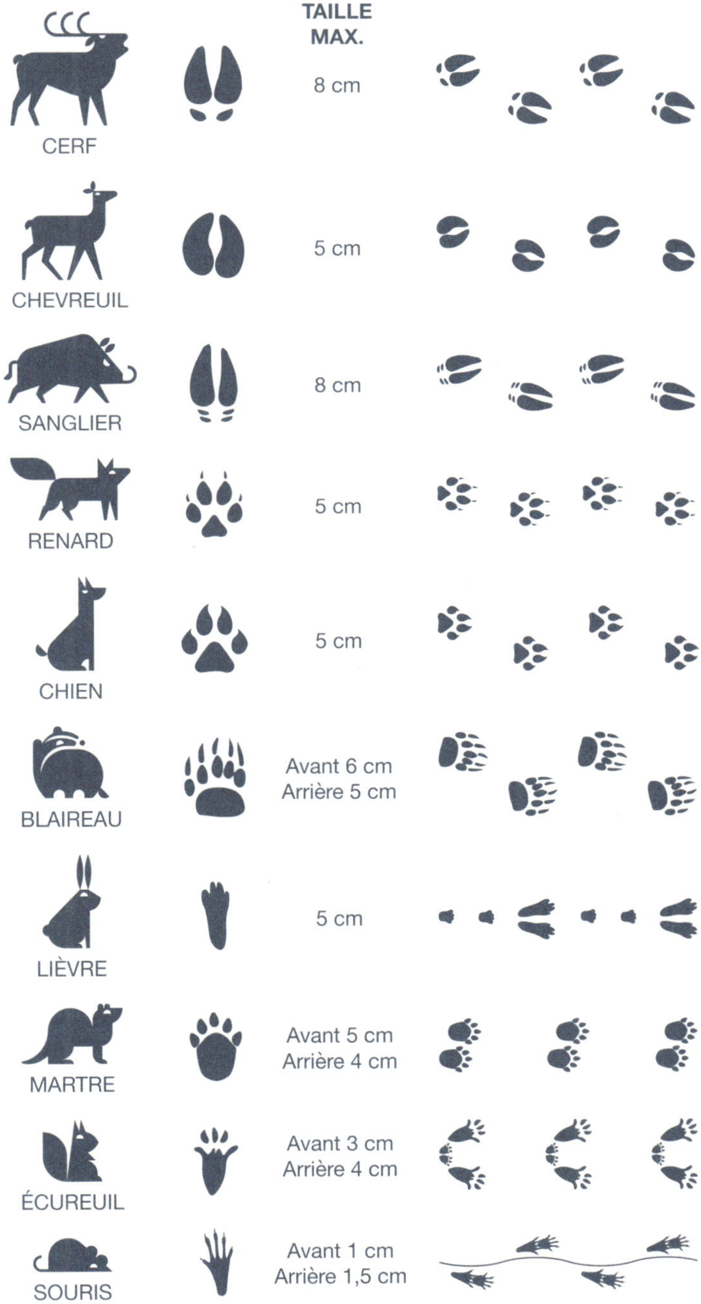

	TAILLE MAX.
CERF	8 cm
CHEVREUIL	5 cm
SANGLIER	8 cm
RENARD	5 cm
CHIEN	5 cm
BLAIREAU	Avant 6 cm Arrière 5 cm
LIÈVRE	5 cm
MARTRE	Avant 5 cm Arrière 4 cm
ÉCUREUIL	Avant 3 cm Arrière 4 cm
SOURIS	Avant 1 cm Arrière 1,5 cm

L'AUTRICE

Livia Waser (née en 1983) vit dans le canton de Glaris où elle s'est installée après plusieurs années de formation en photographie, suivies d'études de gestionnaire en tourisme, diplômée ES. Avec sa chienne Kaya, elle adore vivre de nouvelles expériences. Fondatrice de « Vivre la Suisse avec un chien » (H-und.ch®), elle prend soin d'actualiser et d'étoffer en permanence les informations et les conseils donnés sur son site.

RÉFÉRENCES

PRINTEMPS

Règles de conduite :
alpenverein.at

Saints de glace :
https://www.eisheilige.info/eisheilige-bauernregeln

Déterminer le début du printemps :
https://fr.wikipedia.org/wiki/Printemps

Hôtel à insectes :
https://gardentherapy.ca/build-a-bug-hotel

Dangers au printemps, premiers secours :
https://www.gesundheitszentrum-fuer-kleintiere-luedinghausen.de/tierarztblog/artikel/eichenprozessionsspinner-hund.html

Dangers au printemps, parasites :
https://schnauzentrip.de/hund-im-fruehling
https://www.vier-pfoten.ch/unseregeschichten/ratgeber/eichen-prozessionsspinner

Syndrome de la queue morte :
https://www.martinruetter.com/detmold-herford/news/details/artikel/wasserspiele-und-die-folgen-fuer-begleiter-hund-die-wasserrute

ÉTÉ

Village de Faido :
https://www.ticino.ch

Pain serpent :
https://www.swissmilk.ch/fr/recettes-idees/recettes/LM199904_54_MEN904B054B/pain-serpent/

Grotte aux Fées :
https://www.grotteauxfees.ch

Histoire et dénomination des « Höllgrotten » de Baar :
https://www.hoellgrotten.ch

Photographier un lever de soleil comme les pros :
https://www.albelli.de/blog/sonnenuntergang-foto-tipps

Forêt de Bödmeren :
http://www.boedmeren.ch/language/fr/reserve-de-foret-vierge-boedmeren-fr/

Intoxication par l'eau :
https://www.marktindex.ch/lifestyle/gesundheit/wasservergiftung-beim-hund-symptome-erkennen-erste-hilfe-leisten

Algues bleues ou rouges :
https://firstvet.com/de/artikel/blaualgen-vergiftung-bei-hunden-so-selten-wie-gedacht-ist-es-gar-nicht

Reconnaître les constellations :
https://fr.wikipedia.org/wiki/Alpha_Ursae_Minoris

AUTOMNE

Biscuits pour chiens maison :
https://www.zooplus.ch/fr/magazine/chien/alimentation-chien/recettes-de-biscuits-maison-pour-chien

Gourmandises naturelles et noix pour chiens :
https://seitz-barf.de/nuesse-fuer-hunde

Cueillette de champignons :
https://www.ktmoos.ch/portfolio/pilze-suchen-mit-dem-hund

Mini-courge farcie :
https://www.mathis-hof.ch/wp-content/uploads/Rezept_Kuerbis_alle.pdf

Faits intéressants sur le mélèze :
https://www.spick.ch/dein-spick/artikel/warum-verlieren-laerchen-ihre-nadeln

Pontresina :
https://www.pontresina.ch/pontresina/ueber-pontresina/sprache-geschichte

Le hérisson :
https://www.igelzentrum.ch

Jus de raisin pour bipèdes :
https://saftpresse-test.org/traubensaft-selber-machen

HIVER

Cabane Britannia :
https://www.zermatt.ch/Media/Attraktionen/Dom

Huile de massage chauffante pour les jours de grand froid :
https://www.carpediem.life/10357/koerperoel-selber-machen

Lanterne en boîte de conserve :
https://www.geo.de/geolino/basteln/19416-rtkl-basteln-laternen-aus-konservendosen

Évaluer le risque d'avalanche :
https://www.slf.ch/fr/index.html

Tapis à renifler :
https://www.smarticular.net/schnueffelteppich-selber-machen-hund-katze

Les éditions HELVETIQ bénéficient du soutien de l'Office fédéral de la culture au titre d'une contribution structurelle pour les années 2021 à 2025.

Randos Chien Suisse
35 balades à deux et à quatre pattes

Idée, texte et photos : Livia Waser
Mise en page, composition et illustration : Elżbieta Kownacka
Traduit de l'allemand par Ninon Rauh
Édition : Claire Couturier
Relecture-correction : Corinne Grandjean

Crédit photographique :
60 : Martin Keiler (ail des ours), Rorygez Fresh (muguet), emer1940 (colchique)
73 : pixhook

ISBN : 978-2-940673-58-2
Première édition : Février 2022
Dépôt légal au niveau national : Février 2022
Imprimé en République tchèque

Avenue des Acacias 7
CH-1006 Lausanne

HELVETIQ
www.helvetiq.com